IFRSにおける
資産会計の
総合的検討

菊谷正人 編著

税務経理協会

はしがき

　本書は，国際会計研究学会・研究グループ（2012年度〜2013年度）「IFRSにおける資産会計の総合的検討」の研究成果をまとめたものである。

　企業活動にとって必要不可欠な資産に関する会計方針が異なれば，貸借対照表に計上される資産の範囲・会計数値は大幅に相違する。本書では，資産に関する国際会計基準（IAS）と国際財務報告基準（IFRS―以下，IASと合わせIFRSと総称する）を対象にして理論的・実証的な検討を行った。

　資産会計の基本的かつ重要な会計問題として，資産の本質，資産の当初認識・当初測定（取得原価の算定）と再測定（期末評価），資産の費用化（原価配分，減損処理），認識の中止，開示・注記について，理論的・実証的な考察を試みることにする。具体的には，有形固定資産（IAS 16, IAS 20, IAS 23, IAS 29, IAS 36, IFRS 5），投資不動産（IAS 40），リース資産（IAS 17），無形資産（IAS 38），棚卸資産（IAS 2），金融資産（IAS 32, IAS 39, IFRS 7, IFRS 9）およびその他の特殊資産等（IAS 21, IAS 29, IAS 37, IAS 41, IFRS 6）に分け，主として日本基準との比較・分析を行うことによって，IFRSの特徴と欠陥を探求する。さらに，資産に関する重要な会計方針の異同点を検討することによって，日本基準における対応策も提案する。このような会計基準に係る理論的・実証的な総合的検討により，わが国における資産会計の改善・展開に貢献できるものと思われる。

　本書の上梓に際しては，出版を快諾された税務経理協会社長大坪嘉春氏の御厚意，企画から校正まで何かと面倒をおかけした編集部の鈴木利美氏の御厚情に対して謝意を表したい。

2014年5月25日

　　　　　　　　　　　　　　　　　　　　　　編著者　　菊谷正人

【執筆者紹介（執筆順）・担当個所一覧】

菊谷　正人　（きくや　まさと）　　　法政大学教授
編者紹介参照
序章，第1章Ⅰ・Ⅱ1・2(1)・(3)・(5)・Ⅲ～Ⅶ，結章Ⅰ・Ⅱ1・Ⅲ

吉田　智也　（よしだ　ともや）　　　埼玉大学准教授
「米国政府会計における減損処理の意義」『財務会計研究』第6号，2012年。
「公会計からみた簿記の可能性」『日本簿記学会年報』第28号，2013年。
第1章Ⅱ2(2)・(4)，第7章，結章Ⅱ7

小林　直樹　（こばやし　なおき）　　玉川大学准教授
「のれんの償却期間に係る経営者の会計手続き選択に関する実証分析－パーチェス法を例として－」『税経通信』第64巻第3号，2009年。
「AN EMPIRICAL ANALYIS OF THE ASSOCIATION BETWEEN STOCK RETURN AFTER THE ANNOUNCEMENTS OF IMPAIRED ASSETS AND ACT CONCERNING REVALUATION OF LAND IN JAPAN」『玉川大学工学部紀要』第48巻，2013年。
第1章Ⅷ，第2章Ⅵ

依田　俊伸　（よだ　としのぶ）　　　法政大学教授
『租税法要説』（共著）同文舘出版，2012年。
「保険契約に関する税務上の問題点」『租税実務研究』創刊号（第1号），2013年。
第2章Ⅰ～Ⅴ，結章Ⅱ2

石井　明（いしい　あきら）　　　横浜商科大学教授
『グローバル財務報告』（川村義則との共監訳）中央経済社，2009年。
『会計基準のグローバリゼーション』（古賀智敏監修・五十嵐則夫との共監訳）同文舘出版，2009年。
第3章Ⅰ～Ⅷ，第8章Ⅳ，結章Ⅱ3

林　健治（はやし　けんじ）　　　日本大学教授
「米国GAAP調整表開示と株式市場の評価」『會計』第172巻第2号，2007年。
「IFRS初度適用時の利益調整の情報内容」『會計』第180巻第1号，2011年。
第3章Ⅸ

石山　宏（いしやま　ひろし）　　　山梨県立大学准教授
「株主資本等変動計算書に関する考察－（旧）剰余金計算書との比較を中心として－」『日本簿記学会年報』第22号，2007年。
「『包括利益の表示に関する会計基準』にかかる論点－基礎概念との整合性の視点より－」『産業經理』第71巻第1号，2011年。
第4章Ⅰ～Ⅴ

杉山　晶子（すぎやま　あきこ）　　　東洋大学教授
「繰延税金資産の回収可能性－税効果会計適用状況の変遷－」『笠井昭次先生古稀記念論作集第2巻』，慶應義塾大学出版会株式会社，2009年。
「2012年度　法人税法に関する調査研究－連結財務諸表と個別財務諸表の関係が確定決算主義に及ぼす影響－」『産業經理』第72巻第3号，2012年。
第4章Ⅵ，結章Ⅱ4

島田　佳憲　（しまだ　よしのり）　　岩手大学准教授

『自社株買いと会計情報』中央経済社，2013年。

「利益目標達成と研究開発費の裁量行動」『知的資産経営学会誌』第1号，2014年。

第4章Ⅶ，第5章Ⅳ

島永　和幸　（しまだ　かずゆき）　　神戸学院大学准教授

「人的資本の資産性と公正価値測定－サティヤム・コンピュータ・サービス社の事例を中心として－」『会計プログレス』，第8号，2007年。

「自己創設無形資産会計に係る当初の会計処理－IASB審議提案とAASB討議資料第138号に焦点を当てて」『国際会計研究学会年報－2010年度－』，2011年。

第5章Ⅰ～Ⅲ，結章Ⅱ5

越智　信仁　（おち　のぶひと）　　日本銀行企画役

『IFRS公正価値情報の測定と監査』国元書房，2012年（太田・黒澤賞，青木賞を受賞）。

「IFRS導入と公正価値評価への対応」『国際会計研究学会年報－2010年度－』，2011年（学会賞を受賞）。

第6章Ⅰ～Ⅴ，結章Ⅱ6

中野　貴之　（なかの　たかゆき）　　法政大学教授

「多角化ディスカウントに関する実証研究」『国際会計研究学会年報－2010年度－』，2011年。

「連結利益に対する市場評価」『年報　経営分析研究』第28号，2012年。

第6章Ⅵ

松本　徹　（まつもと　とおる）　　　専修大学専任講師

『非金融負債会計の研究－蓋然性要件の取扱いを中心として－』専修大学出版局，2014年。

「非金融負債会計の国際的な動向と我が国の対応」『會計』第182巻第4号，2012年。

第8章Ⅰ，Ⅲ

藤田　晶子　（ふじた　あきこ）　　　明治学院大学教授

『無形資産会計のフレームワーク』中央経済社，2012年。

第8章Ⅱ

松井　泰則　（まつい　やすのり）　　　立教大学教授

『国際会計の潮流』白桃書房，2008年。

「ビジネスモデルの変化と会計パラダイム」『會計』第185巻第4号，2014年。

第8章Ⅴ

古庄　修　（ふるしょう　おさむ）　　　日本大学教授

『統合財務報告制度の形成』中央経済社，2012年。

「MD&A・ガバナンス情報開示の課題と展望」『企業会計制度の再構築』（別冊企業会計），2013年。

第8章Ⅵ

目　次

はしがき

序章　資産会計の論点 …… 1
Ⅰ　資産の本質・分類 …… 1
1　資産の本質 …… 1
2　資産の分類区分 …… 2
Ⅱ　資産の当初認識・当初測定 …… 3
1　資産の当初認識（資産の貸借対照表能力） …… 3
2　資産の当初測定（資産の取得原価決定） …… 4
Ⅲ　資産の再測定（資産の期末評価） …… 4
Ⅳ　資産の費用化 …… 6
1　期間的費用化 …… 6
2　減損処理 …… 7
Ⅴ　資産の消滅の認識（認識の中止） …… 7
Ⅵ　資産に関する注記 …… 8

第1章　有形固定資産会計 …… 9
Ⅰ　有形固定資産の意義・種類 …… 9
Ⅱ　有形固定資産の当初認識・当初測定 …… 10
1　有形固定資産の当初認識 …… 10
2　有形固定資産の当初測定 …… 10
　(1)　購入の場合における当初測定 …… 10
　(2)　自己建設の場合における当初測定 …… 12
　(3)　交換の場合における当初測定 …… 13

(4) 受贈の場合における当初測定 ………………………… 14
　　　(5) リース取引の場合における当初測定 ………………… 15
　Ⅲ　有形固定資産の再測定 ………………………………………… 16
　Ⅳ　有形固定資産の減価償却 ……………………………………… 19
　　1　減価償却の基礎価額 ………………………………………… 19
　　2　耐用年数と残存価額 ………………………………………… 21
　　3　減価償却方法 ………………………………………………… 22
　　4　減価償却の償却単位 ………………………………………… 22
　Ⅴ　有形固定資産の減損処理 ……………………………………… 23
　　1　減損損失の認識 ……………………………………………… 23
　　2　減損損失の測定 ……………………………………………… 23
　　3　再評価された資産の減損処理 ……………………………… 24
　Ⅵ　有形固定資産の認識の中止 …………………………………… 25
　Ⅶ　有形固定資産に関する注記 …………………………………… 26
　Ⅷ　有形固定資産会計に関する実証研究 ………………………… 26
　　1　Vanza, Wells and Wright［2011］の研究 ……………… 26
　　　(1) 背景と目的 …………………………………………… 26
　　　(2) 実　証　内　容 ……………………………………… 27
　　2　Trotter［2013］の研究 …………………………………… 28
　　　(1) 背景と目的 …………………………………………… 28
　　　(2) 実　証　内　容 ……………………………………… 29
　　3　実証研究のまとめと今後の展望 …………………………… 30

第2章　投資不動産会計 …………………………………………… 35

　Ⅰ　投資不動産の意義・種類 ……………………………………… 35
　Ⅱ　投資不動産の当初認識・当初測定 …………………………… 37
　　1　投資不動産の当初認識 ……………………………………… 37

目　次

　　2　投資不動産の当初測定 ……………………………………… 37
Ⅲ　投資不動産の再測定 …………………………………………… 37
　　1　公正価値モデル …………………………………………… 37
　　2　原価モデル ………………………………………………… 39
Ⅳ　投資不動産の他勘定への振替 ………………………………… 39
　　1　投資不動産から自己使用不動産への振替 ……………… 39
　　2　投資不動産から棚卸資産への振替 ……………………… 40
　　3　自己使用不動産から投資不動産への振替 ……………… 40
　　　(1)　公正価値が帳簿価額より小さい場合 ……………… 40
　　　(2)　公正価値が帳簿価額より大きい場合 ……………… 41
　　4　棚卸資産から投資不動産への振替 ……………………… 42
　　5　建設・開発過程の不動産から投資不動産への振替 …… 42
Ⅴ　投資不動産の処分（認識の中止） …………………………… 43
Ⅵ　投資不動産に関する開示 ……………………………………… 44
　　1　一般的開示事項 …………………………………………… 44
　　2　公正価値モデルの開示事項 ……………………………… 45
　　3　原価モデルの開示事項 …………………………………… 45
Ⅶ　投資不動産会計に関する実証研究 …………………………… 47
　　1　Quagli and Avallone［2010］の研究 …………………… 47
　　　(1)　背景と目的 …………………………………………… 47
　　　(2)　実証内容 ……………………………………………… 47
　　2　Muller, Riedl and Sellhorn［2010］の研究 …………… 49
　　　(1)　背景と目的 …………………………………………… 49
　　　(2)　実証内容 ……………………………………………… 49
　　3　Nellessen and Zuelch［2011］の研究 …………………… 51
　　　(1)　背景と目的 …………………………………………… 51
　　　(2)　実証内容 ……………………………………………… 52
　　4　まとめと今後の展望 ……………………………………… 53

第3章　リース資産会計 …… 55
I　リース資産の意義・分類 …… 55
　1　リース資産の意義 …… 55
　2　リース資産の分類 …… 57
II　リース資産の当初認識・当初測定 …… 59
　1　リース資産・負債の計上 …… 59
　2　リース負債・支払リース料の処理 …… 61
　3　オペレーティング・リースの会計処理 …… 62
III　リース資産の再測定（期末評価） …… 62
IV　リース資産の費用化（償却） …… 63
V　リース資産の減損 …… 64
VI　リース資産の処分（認識の中止） …… 64
VII　セール・リースバック取引 …… 65
VIII　リース資産会計基準に関する最新の動向 …… 67
　1　IASB/FASB共同プロジェクト …… 67
　2　再公開草案の検討 …… 68
IX　リース資産に関する実証研究 …… 72
　1　わが国におけるリース会計に関する実証研究 …… 72
　2　米国におけるリース会計に関する実証研究 …… 73
　　(1)　リース取引に関する注意情報の有用性の検証 …… 74
　　(2)　リース資産の償却方法に関する実証研究 …… 75

第4章　棚卸資産会計 …… 81
I　棚卸資産の意義・範囲 …… 81
II　棚卸資産の当初認識・当初測定 …… 82
　1　棚卸資産の当初認識 …… 82

2　棚卸資産の当初測定 …………………………………………… 82
　　　(1)　購入の場合における当初測定 …………………………… 82
　　　(2)　自己製造の場合における当初認識 ……………………… 83
　　　(3)　交換・受贈の場合における当初測定 …………………… 84
　Ⅲ　棚卸資産の費用化（原価配分）…………………………………… 84
　Ⅳ　棚卸資産の再測定（期末評価）…………………………………… 87
　　1　原則的な評価基準 …………………………………………… 87
　　2　例外的な評価基準 …………………………………………… 91
　　3　評価減の戻入れ ……………………………………………… 91
　Ⅴ　棚卸資産の認識の中止 …………………………………………… 92
　Ⅵ　棚卸資産の開示 …………………………………………………… 93
　Ⅶ　棚卸資産会計に関する実証研究 ………………………………… 93
　　1　LIFO適用に対する資本市場の評価 ……………………… 94
　　2　LIFO・FIFO間の会計方針の選択 ………………………… 96
　　3　LIFOと期首在庫の掃出し ………………………………… 97
　　4　後入先出法差額 ……………………………………………… 98
　　5　今後の展望 …………………………………………………… 100

第5章　無形資産会計 …………………………………………………… 103
　Ⅰ　無形資産の意義・種類 …………………………………………… 103
　Ⅱ　無形資産の当初認識・当初測定 ………………………………… 104
　　1　総　　論 ……………………………………………………… 104
　　2　個別取得 ……………………………………………………… 104
　　3　企業結合に伴う取得 ………………………………………… 105
　　4　自己創設による取得 ………………………………………… 107
　　　(1)　自己創設のれん ………………………………………… 107
　　　(2)　自己創設無形資産 ……………………………………… 107

ⅴ

5　無形資産の交換による取得 …………………………………… 108
　　6　政府補助金による取得 ………………………………………… 108
　Ⅲ　無形資産の再測定（期末評価）と償却 ………………………… 109
　　1　原価モデル ……………………………………………………… 109
　　2　再評価モデル …………………………………………………… 109
　　3　耐用年数が確定できない無形資産 …………………………… 110
　　4　無形資産の処分（認識の中止） ……………………………… 111
　　5　無形資産に関する開示・注記 ………………………………… 111
　Ⅳ　無形資産に関する実証研究 ……………………………………… 113
　　1　開発費の資産化と株価形成の関連性 ………………………… 114
　　2　開発費の資産化・費用化に係る会計方針選択の決定要因 ……… 117
　　3　今後の展望 ……………………………………………………… 120

第6章　金融資産会計 …………………………………………… 123
　Ⅰ　金融資産の意義・種類 …………………………………………… 123
　Ⅱ　金融資産の分類・測定 …………………………………………… 124
　Ⅲ　金融資産の減損 …………………………………………………… 131
　Ⅳ　ヘッジ会計 ………………………………………………………… 136
　Ⅴ　金融資産に関する開示 …………………………………………… 139
　Ⅵ　金融資産に関する実証研究 ……………………………………… 141
　　1　はじめに ………………………………………………………… 141
　　2　公正価値の階層化：基準と実態 ……………………………… 142
　　3　主な実証研究 …………………………………………………… 144
　　（1）価値関連性：質的特性と基本的関係 ……………………… 144
　　（2）財務健全性，ガバナンス・システムおよび公正価値の
　　　　測定モデルとの関係 ………………………………………… 145
　　（3）開示行動とその効果 ………………………………………… 146

4　要約と課題 ……………………………………………………………… 147

第7章　売却目的固定資産会計 ………………………… 151
　Ⅰ　売却目的固定資産の意義・分類 ………………………………… 151
　Ⅱ　売却目的固定資産の再測定 ……………………………………… 153
　Ⅲ　売却目的固定資産の分類の中止 ………………………………… 158
　Ⅳ　売却目的固定資産に関する表示・開示 ………………………… 159

第8章　その他の特殊資産等 ……………………………… 163
　Ⅰ　生物資産・農産物会計 …………………………………………… 163
　　1　生物資産・農産物の意義 ……………………………………… 163
　　2　生物資産・農産物の当初認識・測定および再測定 ………… 164
　　3　国庫補助金 ……………………………………………………… 167
　　4　財務諸表上の開示 ……………………………………………… 167
　Ⅱ　探査・評価資産会計 ……………………………………………… 168
　　1　探査・評価資産の意義 ………………………………………… 168
　　2　探査・評価資産の当初認識・当初測定 ……………………… 169
　　3　探査・評価資産の再測定 ……………………………………… 170
　　4　今後の課題 ……………………………………………………… 171
　Ⅲ　偶発資産会計 ……………………………………………………… 171
　　1　偶発資産の意義および偶発資産会計の動向 ………………… 171
　　2　偶発資産の当初認識・測定および開示 ……………………… 172
　　3　偶発資産の再測定 ……………………………………………… 175
　Ⅳ　外貨換算会計 ……………………………………………………… 176
　　1　外貨換算会計の意義およびIAS 21のアプローチの特徴 …… 176
　　2　機能通貨の決定 ………………………………………………… 177
　　3　外貨建取引 ……………………………………………………… 178

4 在外営業活動体の外貨表示財務諸表の換算 ········· 178
Ⅴ 超インフレ経済化における財務報告 ········· 180
1 範囲と超インフレ経済の定義 ········· 180
2 財務諸表の修正再表示 ········· 181
(1) 修正再表示の意義 ········· 181
(2) 財政状態計算書 ········· 182
(3) 包括利益計算書 ········· 183
(4) 正味貨幣持高に関する利得または損失 ········· 183
(5) 連結財務諸表 ········· 184
3 開 示 ········· 184
4 むすび ········· 185
Ⅵ 開示に関する課題 ········· 185
1 IFRSにおける注記の役割と問題点 ········· 185
2 IAS 16における注記の削減方法 ········· 186
3 IFRSにおける注記の開示規定の見直しに向けて ········· 189

結 章　IFRSにおける資産会計の課題と展望 ········· 193
Ⅰ IFRSにおける資産会計の特徴 ········· 193
Ⅱ IFRSにおける資産会計の論点 ········· 195
1 有形固定資産会計に関する論点 ········· 195
2 投資不動産会計に関する論点 ········· 196
3 リース資産会計に関する論点 ········· 198
4 棚卸資産会計に関する論点 ········· 200
5 無形資産会計に関する論点 ········· 202
6 金融資産会計に関する論点 ········· 202
7 売却目的固定資産会計に関する論点 ········· 203
Ⅲ IFRSにおける資産会計の展望 ········· 204

序章

資産会計の論点

I 資産の本質・分類

1 資産の本質

「財産説」では，資産は，企業が所有する金銭，換金能力を有する財産と権利に限定され，債権者に対する担保能力（すなわち，債務弁済能力）を有する換金価値のあるものでなければならなかった。

「未費消原価説」によれば，資産は，期間損益計算の観点から，将来，費用となるべき項目が未だ費用とならない「費用性資産」，未だ回収されず将来的貨幣となる「貨幣性資産」および現金に分けられ，貸借対照表価額は，取得原価（過去の支出額）の期間配分手続によって「将来に繰り越される支出額」，すなわち次期以降の費用（未費用）として将来の収益に対応される「未消費原価」（未償却残高）である。

「用役潜在力説」によれば，資産は，将来，一定の収益を稼得するために所有される経済的資源であり，その本質は，財貨・用役の生産・提供に貢献できる用役潜在力（すなわち，将来における収益獲得能力）あるいは将来の経済的便益である。「用役潜在力説」の下では，非貨幣性資産（費用性資産）と同等に，貨幣性資産（現金を含む）も将来の収益獲得能力を有することになる。

「国際会計基準審議会」（以下，IASBという）の「概念FW」（par. 4.4(a)）

の定義によれば，資産とは，過去の事象の結果として事業体（entity）により支配され，かつ，将来の経済的便益（future economic benefits）が当該事業体に流入すると期待される資源である。したがって，IFRSにおける資産概念は，用役潜在力説に属することになる。ここに「支配」とは，法的所有権にかかわらず，当該事業体が資源（資産）を利用して，将来の経済的便益を享受できる経済的状況をいう。したがって，「経済的実質優先主義」（substance over form）に基づいて，「リース資産」も当該事業体が支配している資産である（菊谷［2014］17～18頁）。

このような資産概念は，わが国の「企業会計基準委員会」（以下，ASBJという）により公表された「討議資料」（第3章第4項）にも踏襲され，「資産とは，過去の取引または事象の結果として，報告主体が支配している経済的資源をいう。」と定義されている。

2　資産の分類区分

資産の分類区分として，(a)資産の短期的支払能力の相違により「流動資産」と「固定資産」，(b)資産の費用化の有無により「貨幣性資産」と「非貨幣性資産」（「費用性資産」）および(c)資産の投資上の特性（金融投資と事業投資）の観点から「金融資産」と「事業用資産」に大別することができる（菊谷［2014］18頁）。

流動・固定資産に分類すれば，長・短期の支払能力・換金可能性を判断するという観点から好ましいので，前記(a)の資産区分は「財産説」と整合的である。

費用性資産・貨幣性資産の分類は，原価配分に基づく期間損益計算を行う上で前提となる資産分類の必要不可欠な考え方であり，「未費消原価説」（動態論）と結びつくであろう。

「用役潜在力説」は，どの資産分類が適切であるかは判然としないが，投資の成果の達成について金融投資と事業投資には相違があり，前者が資産の運用または市場価格の変動によって利益を獲得することを目的とした投資，後者が事業の遂行を通じて将来の経済的便益を得ることを目的とした投資であり，両

者とも将来の経済的便益の流入に重点が置かれているので，前記(c)金融資産と事業用資産の資産区分に適合するかもしれない。

Ⅱ　資産の当初認識・当初測定

1　資産の当初認識（資産の貸借対照表能力）

　認識（recognition）とは，経済的事象のうちどれを会計的に測定（measurement）の対象とするのかを識別するプロセスである。IASBの「概念FW」（par. 4.44）に従えば，資産の定義を満たし，下記の認識規準を充足する場合に限り，資産として貸借対照表に認識しなければならない。
　(a)　将来の経済的便益が事業体に流入する可能性が高い。
　(b)　当該資産には，信頼性をもって測定できる原価または価値（cost or value）がある。
　IASBは，将来の経済的便益の蓋然性（probability）と測定の信頼性（reliability）を認識規準としている。わが国のASBJの「討議資料」においても，IASBの「概念FW」と同様に，「財務諸表における認識とは，構成要素の定義を満たす諸項目を財務諸表の本体に計上することをいう。」（「討議資料」第4章第1項）と定義し，認識規準として(a)「一定程度の発生の可能性（蓋然性）」（「討議資料」第4章第9項）を挙げている。上記(b)の認識規準に該当する規定としては，「企業会計原則」（第三・五）が「貸借対照表に記載する資産の価額は，原則として，当該資産の取得原価を基礎として計上しなければならない。」と定め，客観的な測定を要件としている点で共通する。つまり，認識規準として，(a)資産が生じたという「蓋然性」および(b)測定の信頼性・客観性が要求されている。
　なお，経営者の優れた能力・名声，従業員の組織力，立地条件等の無形の価値も，将来，収益稼得に貢献できる用役潜在力を有するが，その発生の蓋然性という認識規準を充足したとしても，信頼性のある測定に困難性が伴うので，その無形資産化は今後の会計課題の一つとして検討に値するであろう。

2　資産の当初測定（資産の取得原価決定）

　資産として認識規準を満たす資産は，当初認識時点（資産取得時点）に測定されなければならない。「測定」(measurement) とは，財務諸表に認識され，繰り越されるべき貨幣額を決定するプロセスである（「概念FW」par. 4.54）。測定は，会計的に認識された経済的取引・事象に金額を割り当てるプロセスであると言える。

　資産の取得時点（当初認識時点）には，資産は，通常，取引原価（transaction cost），すなわち「取得原価」で測定される。IASBの「概念FW」(par. 4.55 (a)) によれば，取得原価（historical cost）は，当該資産取得時に支出した現金・現金同等物の価額または当該資産取得のために引き渡した対価の公正価値 (the fair value of the consideration) をいう。当初認識時における取得取引から生じる資産に対しては，取得原価（すなわち，当初認識時における公正価値）により当初認識時の測定（当初測定という）が行われる（菊谷 [2002] 148頁）。ただし，ある特定の資産（たとえば，リース資産）には，（リース料の）将来キャッシュ・フローの現在価値を取得時点の取得原価として採択する場合がある。

　資産の取得原価は，たとえば有形固定資産の減価償却費・期末評価額，棚卸資産の売上原価・期末棚卸高等の計算基礎となるので，適正な財政状態表示・経営成績算定にとって，その決定は重要である。また，資産の取得形態には，購入，自家建設・自己製造・自己創設，交換，受贈，リース等があり，異なる取得形態別に取得原価の計算も相違する。

Ⅲ　資産の再測定（資産の期末評価）

　英国の概念フレームワークである『財務報告原則書』(SPFR) が説明しているように，すでに認識された資産・負債の計上金額を変更する会計行為は，「その後の再測定」(subsequent remeasurement) と呼ばれている（SPFR, par. 5.1）。

「再測定」は，通常，決算日に行われるが，資産の再測定（期末評価ともいう）の場合，測定対象となる資産に対する貨幣数値を割り当てる測定基礎（measurement bases）は，計算目的に制約され，そのときどきの目標に合理性をもつ価値が最も適正な金額を示すものと考えられる。IASBの「概念FW」は，測定基礎として取得原価のほかに，現在原価（current cost），実現可能価額（realisable value）と現在価値（present value）を列挙している。

「現在原価」とは，同一または同等の資産が現時点で取得された場合に支払われる現金・現金同等物の金額，「実現可能価額」とは，通常の処分により当該資産を売却することにより現時点で得られる現金・現金同等物の金額，「現在価値」とは，通常の事業の過程において生み出すと期待される将来の正味キャッシュ・フローの割引現在価値である（「概念FW」par. 4.55(b), (c), (d)）。現在原価は，わが国では「再調達原価」または「取替原価」（replacement cost）と呼ばれ，（正味）実現可能価額は「正味売却価額」に改称されている。

有形固定資産，投資不動産，リース資産，棚卸資産，無形固定資産および金融資産の再測定では，それぞれの特質・所有目的等の相違によって，異なる再測定額が算定されることになる。つまり，「原価モデル」，「再評価モデル」（「公正価値モデル」）または「低価法」のうち，どれを適用するかによって，取得原価（または償却原価），再調達原価，正味売却価額あるいは割引現在価値が資産の期末評価額として採択されることになる。

なお，資産が再評価された場合，取得原価と再評価額との再評価差額をどのように処理するかのという会計問題が生じる。理論的には，(イ)当期の損益計算書に算入する損益処理，(ロ)貸借対照表（IFRSでは，財政状態計算書という）上，繰越利益剰余金に計上する会計処理，(ハ)貸借対照表上，一旦「その他の包括利益」（other comprehensive income：OCI）に計上し，実現時に利益剰余金に振り替える会計処理および(ニ)貸借対照表上，資本修正として資本剰余金に留保する会計処理が考えられる。

Ⅳ 資産の費用化

1 期間的費用化

　費用性資産である有形固定資産，リース資産，棚卸資産および無形固定資産の取得原価は，当該資産の価値費消・物量減少等に応じて当期の収益に対応するために原価配分（期間的費用化）される。

　有形固定資産・リース資産については，一定の合理的な仮定に基づき，その取得原価（相当額）を耐用年数にわたって予測的に期間配分する。棚卸資産に関しては，その取得原価を財貨・用役の実際の費消量に基づいて原価配分し，無形固定資産の取得原価は，収益稼得に貢献できる期間または契約期間にわたって償却・配分される。

　有形固定資産・リース資産の減価償却費を算定するに際しては，減価償却の基礎価額，耐用年数と残存価額，減価償却方法，償却単位が問題となる。

　減価償却の基礎価額として「原価モデル」が採用される場合には，減価償却費は取得原価に基づいて計算されるが，「再評価モデル」を適用する場合には，減価償却費は再評価額に基づいて計算され，「償却可能価額」は異なる。

　さらに，耐用年数・残存価額・減価償却方法について，定期的見直しが必要であるか否かが問題であり，それ如何によっては減価償却費の金額が異なる。

　減価償却の計算単位（償却単位）をどのように決めるかによっても，当期の減価償却費の金額は相違する。個々の有形固定資産ごとに減価償却費を計算し，帳簿価額を個別に明らかにできる「個別償却」では，膨大な数の有形固定資産を多種多様に所有している場合には，計算が煩雑となり，手間を要するので，「総合償却」（組別償却を含む）を採用することが多い。ただし，個々の有形固定資産ごとの減価償却費・帳簿価額は明らかにならないので，厳密な減価償却費計算を行うためには，「個別償却」あるいは資産の各構成部品（each part）ごとの「構成部品別償却」が必要となるかもしれない。

　棚卸資産の原価配分方法として，個別法，先入先出法，後入先出法，次入先

出法，最高価格先出法，移動平均法，総平均法，単純平均法，基準棚卸法，最終仕入原価法等が考案・実践されてきたが，どの原価配分方法を採用するかによって，当期の売上収益に対応する売上原価と次期に繰り越される期末棚卸高は異なる。原価配分方法の選択は，営業収益に直接的に影響を及ぼすので，販売・消費の状況に即して合理的・適正に行われるべきである。

無形固定資産の償却費についても，有形固定資産と同様に，無形固定資産の基礎価額，有効利用期間，償却方法が問題となる。

2 減損処理

資産の「収益性の低下」により投資額の回収が見込めなくなった状態を「減損」といい，資産の利用（および処分）により回収できる回収可能価額が帳簿価額を下回る場合，両者の差額は「減損損失」として測定される。減損処理の順序として，まず「減損の兆候」を確認し，「減損損失の認識」を判定した後に，「減損損失の測定」が行われる。

減損損失の認識規準として，永久的規準，経済的規準または蓋然性規準の選定が問題となり，さらに，「減損損失」の測定時に対象となる帳簿価額について，「原価モデル」または「再評価モデル」（「公正価値モデル」）に基づくのかという会計問題が生じる。

減損損失を測定した後に当該資産の回収可能価額が上昇した場合には，「減損損失の戻入れ」を行うのか行わないのかという問題が生じる。

V 資産の消滅の認識（認識の中止）

すでに貸借対照表に計上されている資産が貸借対照表から除かれることを「認識の中止」（または消滅の認識）という。原則として，(a)処分（売却処分，譲渡処分，除却処分，廃棄処分）が行われた場合，(b)将来における経済的便益が期待できなくなった場合，資産（の帳簿価額）の認識は中止しなければならない。金融資産の場合には，譲渡が認識の中止の要件を満たすのかの決定には，

「リスク・経済的テスト」または「支配テスト」が適用されている。

Ⅵ　資産に関する注記

「注記」とは，財務諸表の重要項目に対する「明瞭表示」あるいは「開示情報の充実」を目的として，財務諸表に付される補足的な説明書きである。

注記内容として，重要な会計方針，重要な後発事象のほかに，当該企業の将来の財務状況を正しく判断するために有用となる注記事項が補足情報として開示される。

有形固定資産・投資不動産・無形固定資産の場合には，「原価モデル」と「再評価モデル」（または「公正価値モデル」）の別に注記内容が開示されることもある。

【参考文献】

Accounting Standards Board [1999], *The Statement of Principles for Financial Reporting.* ……………………………………………………… SPFR
International Accounting Standards Board [2010] *The Conceptual Framework for Financial Reporting.* ……………………………………………「概念FW」

企業会計基準委員会　[2006] 討議資料「財務会計の概念フレームワーク」…………
……………………………………………………………………「討議資料」
菊谷正人 [2002]『国際的会計概念フレームワークの構築 ― 英国会計の概念フレームワークを中心として ― 』同文舘出版。
菊谷正人 [2014]「資産会計の論点 ― IFRSにおける資産会計をたたき台にして ― 」『経営志林』第51巻第2号，17〜35頁。

第1章

有形固定資産会計

I 有形固定資産の意義・種類

　有形固定資産（tangible fixed asset）とは，企業の営業活動（財貨・用役の生産または提供，リース，管理業務）のために，原則として，一年以上継続して利用する目的で所有されている有形資産であり，通常の営業過程では販売することを意図していない資産である（IAS 16, par. 6）。

　有形固定資産は，事業の遂行を通じて将来の経済的便益を稼得することを投資目的とした事業用資産であり，継続的に利用される実体を有する「利用目的資産」である。つまり，有形固定資産の本質・特徴としては，(1)有形の物的資産であること，(2)事業投資による利用目的資産であること，(3)利用（目的達成）期間中に価値減少（減価）という事象を伴うこと，(4)一年以上継続して所有すること，(5)通常の営業過程では販売を意図していないことが挙げられる。有形固定資産は，事業活動に利用される「事業用資産」であり，かつ長期に保有される「固定資産」であり，非償却性資産を除き，「費用性資産」である。

　IAS 16（par. 37）によれば，有形固定資産の種類は，営業活動において性質・使用目的が類似した資産グループに分けられる。たとえば，土地，土地および建物，機械装置，船舶，航空機，車両，器具および備品，事務機器が有形固定資産の種類として例示列挙されている。

わが国においても，有形固定資産の意義と種類に関しては同様の規定が設けられている。

Ⅱ　有形固定資産の当初認識・当初測定

1　有形固定資産の当初認識

前述したように，IASBは，「将来の経済的便益の蓋然性」と「測定の信頼性」を資産の認識規準としている。

さらに，IAS 16 (par. 11) によれば，安全または環境保全の目的で取得した有形固定資産は，現存する資産の将来の経済的便益を直接増加させるものではないが，当該関連資産なしでは製造・販売が不可能となるので，その取得が行われなかった場合に得られる経済的便益を超えて，当該資産から将来の経済的便益を得ることが可能となるので，資産の認識規準を満たしている。

2　有形固定資産の当初測定
(1)　購入の場合における当初測定

IAS 16 (pars. 16～17) によれば，有形固定資産の購入による取得の場合，取得原価は，(イ)値引・割戻し控除後の購入価格と(ロ)設置費用・稼動可能に必要な直接付随費用のほかに，(ハ)解体・除去費用，敷地の原状回復費用の当初見積額から構成されている（ただし，購入による取得に限定されない）。

当該資産の解体・除去費用 (cost of dismantling and removing the assets) を取得原価に算入することは，取得時に将来の解体・除去の見積費用を原価算入し，減価償却を通じて各期に費用配分することになる。資産除去費用の支払いが将来の資産除去時点であっても，「現在の債務」として資産除去債務 (asset retirement obligation) を計上するとともに，同額を当該資産の取得原価に算入する「資産負債両建処理」は，取得時の投資支出額とともに将来の除去時の資産除去支出額も取得原価に加えた上で，減価償却を通じて回収すべき金額を引き上げる会計方針である。

わが国の「基準18号」（7項）においても，会計基準の国際的コンバージェンス（international convergence）を達成するために，資産除去費用の「資産負債両建処理」が採用されている。

多くの場合，資産除去債務を取引する市場は存在しないので，負債の公正価値を見積もるためには現在価値技法（present value technique）が最も利用可能な技法となる（SFAS 143, par. 8）。要するに，資産除去債務に対する負債の公正価値としては，当初認識時には，将来における資産除去サービスに係る支出額を割引計算した「現在価値」が計上され，同額が有形固定資産の取得原価に算入される（菊谷［2008c］44頁）。

たとえば，使用後に資産除去の法的義務があるアスベスト含有の構築物（取得原価500,000，耐用年数3年，残存価額0，定額法による）をt_1期首に取得し，使用後に支出する資産除去費用を30,000と見積もり，当初認識時における割引率が3％であると仮定した場合，t_1期首（資産取得時）における資産計上額・負債計上額，t_1期末における減価償却費および増加費用（利息費用）に関する仕訳処理は，次のとおりである。

t_1期首（資産取得時）：
（借）構　築　物　　527,454　（貸）現　　　　　金　　500,000
　　　　　　　　　　　　　　　　　　資産除去債務　　 27,454[※1]
　　※1：$30,000 \div 1.03^3 = 27,454$

t_1期末（減価償却時，時の経過による資産除去債務の増加時）：
（借）減価償却費　　175,818[※2]（貸）構築物減価償却累計額　175,818
　　　利　息　費　用　　　824　　　　資産除去債務　　　　　　824[※3]
　　※2：$527,454 \div 3$年 $= 175,818$
　　※3：$27,454 \times 3\% = 824$

このような資産除去費用資産化法を「現在価値資産化法」（菊谷［2008a］13頁）と呼ぶこともできるが，将来の除去時点における資産除去費用の見積額に対しては「測定の信頼性」の観点からは疑義を伴い，また，取得原価概念（当該資産取得のために支出した現金価格相当額）そのものが理論的に変容し

ている。

(2) 自家建設の場合における当初測定

　わが国の「連続意見書第三」（第一・四・2）によれば，自家建設による有形固定資産の取得原価は適正な原価計算基準に従って計算された製造原価であり，当該建設に要する借入資本の利子で，稼動前の期間に属する「借入費用」は，当該資産について個別的に資金調達が行われている場合に限り，取得原価に算入することができる。

　IASBの会計処理では，個別に資金調達された特定借入金に限定されず，一般目的で借り入れた資金の借入費用を資産化することも認められている。この場合には，当期中の借入金残高に対応する借入費用の加重平均率による「資産化率」（capitalisation rate）を当該資産に対する支出額に乗じて，資産化適格借入費用額（amount of borrowing costs eligible for capitalisation）が算定される（IAS 23, par. 14）。

　たとえば，t_1期首（t_1年1月1日）より営業用店舗の自家建設を開始したものとし（建設完了予定はt_3期末），適正な製造原価3,000万円（建設仮勘定で処理済み）は，取引銀行Aから借り入れている15,000万円（年利率2％，利払日12月31日（当座預金口座から引落とし），返済期限はt_4年12月31日）の一部を流用した。当社は，このほかに取引銀行Bから5,000万円（年利率3％，利払日12月31日（当座預金口座から引落とし），返済期限はt_4年12月31日）の資金も借り入れているとする。この場合，t_1期首およびt_1期末の仕訳は，次のようになる。

t_1期首：

　　（借）建 設 仮 勘 定　30,000,000　（貸）当 座 預 金　30,000,000

t_1期末：

　　（借）支 払 利 息　　 4,500,000　（貸）当 座 預 金　 4,500,000
　　（借）建 設 仮 勘 定　　 675,000　（貸）支 払 利 息　　 675,000

　この場合の資産化率は，A銀行からの借入金15,000万円とB銀行からの借入金5,000万円の合計額で，費用として計上された利息合計450万円を除した

2.25％となる。この資産化率を資産に対する支出額3,000万円に乗じた67.5万円が，期末に資産化されることになる。

わが国の会計基準には，新規借入が特定資産の建設に関連する支出（特定借入金）についてのみ規定されており，一般目的借入金と資産化率に関する規定は存在しない。

(3) 交換の場合における当初測定

自己所有の資産と交換に新規の有形固定資産を取得した場合，新規資産の取得原価にどのような価額を付すべきかという会計問題が生じる。

IFRSでは，交換により取得した受入資産（asset received）の取得原価は，(a)交換取引が経済的実質を欠いている場合または(b)受入資産または引渡資産（asset given up）の公正価値が信頼性をもって測定できない場合を除き，原則として，公正価値で測定される。公正価値で測定できない例外的な場合には，受入資産の取得原価は引渡資産の帳簿価額で測定される。受入資産または引渡資産の公正価値が信頼性をもって測定できる場合，受入資産の取得原価は次のケースにより異なる（IAS 16, pars. 24～26）。

(a) 受入資産の公正価値が明らかとなる場合には，受入資産の公正価値

(b) 受入資産の公正価値が明らかとならない場合には，引渡資産の公正価値

IASBは，原則として，受入資産の公正価値と引渡資産の公正価値を採用し，例外的な場合に引渡資産の帳簿価額を容認している。

交換時における受入資産の公正価値で受入資産の取得原価を決定する論拠は，交換時における購買市場の市場価値（再調達原価）が交換時における受入資産の購入価値を反映しているので，受入資産の取得原価は交換時における再調達原価によるべきであるという会計思考に基づいている。引渡資産の公正価値をもって取得原価とする論拠は，「交換」を引渡資産の売却と受入資産の購買による「複合取引」とみなし，引渡資産の売却代金によって受入資産を購入したと想定することができるので，受入資産の取得原価は引渡資産の売却収入額（売却価格）をもって決定したとする会計思考による（菊谷［2001］8頁）。

(4) 受贈の場合における当初測定

　贈与その他無償で資産を取得した場合，当該受贈資産の取得原価をいかに算定するのかが課題となる。取得原価の決定に関して，ゼロ評価または公正価値評価が考えられる。

　IAS 20 (pars. 12 and 23) によれば，国庫補助金が土地等の非貨幣資産に移転するような場合には，公正価値で評価され，当該国庫補助金は収益として計上される。国庫補助金は処分不能な資本剰余金ではなく，処分可能な利益とみなされているが，その場合，資産に関する補助金を表示方法として，(a)「繰延利益法」と(b)「原価控除法」が選択適用できる (IAS 20, par. 24)。わが国では，(b)原価控除法と類似する「圧縮記帳法」が認められているが，(a)繰延利益法の採用は容認されていない。

　たとえば，t_1期首に国庫補助金1,600万円を受け取り，ただちに2,000万円の備品を購入したとする（なお，収支は現金勘定で処理する）。備品は，耐用年数10年，残存価額0円の定額法で減価償却する。これらの取引を(a)繰延利益法と(b)原価控除法で処理すると，それぞれ次のようになる。

　(a)　繰延利益法

t_1期首：

（借）	現　　　　　金	16,000,000	（貸）	国庫補助金受贈益	16,000,000
（借）	国庫補助金受贈益	16,000,000	（貸）	繰延国庫補助金受贈益	16,000,000
（借）	備　　　　　品	20,000,000	（貸）	現　　　　　金	20,000,000

t_1期末：

（借）	減 価 償 却 費	2,000,000	（貸）	備品減価償却累計額	2,000,000
（借）	繰延国庫補助金受贈益	1,600,000	（貸）	繰延国庫補助金受贈益取崩額	1,600,000

　(b)　原価控除法

t_1期首：

（借）	現　　　　　金	16,000,000	（貸）	国庫補助金受贈益	16,000,000
（借）	備　　　　　品	20,000,000	（貸）	現　　　　　金	20,000,000
（借）	国庫補助金受贈益	16,000,000	（貸）	備　　　　　品	16,000,000

t_1期末:

　　（借）減　価　償　却　費　　400,000　（貸）備品減価償却累計額　　400,000

　両方法では，期間損益に与える影響は同じであるが，財政状態表示は異なる。原価控除法（圧縮記帳法）によれば，貸借対照表に計上される有形固定資産の帳簿価額は国庫補助金を減額（圧縮）した金額を示すことになるので，適正な財政状態を表示しているとは言い難い。他方，繰延利益法は国庫補助金を減額せずに総額（公正価値）で有形固定資産の取得原価で計上するので，財政状態表示の観点からベターであると言える（菊谷［1988］44～45頁）。

　ただし，繰延利益法を採用した場合，繰り延べられた収益を表す「繰延国庫補助金受贈益」は，「過去の事象から発生した，その決済が経済的便益を具現する資源を当該企業から流出する結果となると予想される債務（obligation）」（「概念FW」par. 4.4(b)）という負債の定義に合致しているとは考え難いため，この貸方項目を，財政状態計算書上，どのように区分表示するのかという問題が生じることとなる。

(5) リース取引の場合における当初測定

　フィナンス・リース取引によりリース資産を取得した場合には，IAS 17（par. 20）の規定に従えば，取得原価は，リース開始日に算定された当該資産の公正価値または最低リース料総額の現在価値のいずれか低い金額である（詳しくは，第3章参照）。リースの資産の当初測定時には，取得時点における公正価値のほかに，現在価値が取得原価相当額として採択される場合もある。

　わが国の「基準13号」（8項）によれば，ファイナンス・リースは「所有権移転ファイナンス・リース」と「所有権移転外ファイナンス・リース」に分類され，「貸手の購入価額」または「見積現金購入価額」と「現在価値」のいずれか低い金額で計上される。したがって，わが国でも，リース資産の取得原価相当額として現在価値も利用される場合がある。

Ⅲ　有形固定資産の再測定

　有形固定資産の再測定に際して，IAS 16（par. 29）は，「原価モデル」（cost model）と「再評価モデル」（revaluation model）の選択適用を認めている。

　各国の会計実践を寄せ集めた原初基準であるIAS 16（1982年）（par. 36）でも，現行IAS 16と同様に，原価（cost）または再評価額（revalued amount）により有形固定資産の帳簿価額は計上されていたが，「再評価モデル」は，英国とオランダの会計実践を反映したものである（Camfferman and Zeff [2007] p. 132）。

　IASBの前身であった「国際会計基準委員会」（以下，IASCという）は，自由選択的な会計処理を再検討し，統一的な（単一または限定された）会計処理を標榜する公開草案第32号「財務諸表の比較可能性」（*Exposure Draft 32 "Comparability of Financial Statements"* 以下，E 32と略す）を1989年1月に公表し，IAS 16もE 32の検討対象となった。E 32に対するコメント・レターを分析・審議した結果，当該決議事項は「基準書」（IAS）ではなく「趣旨書」（*Statement of Intent.* 以下，「E 32趣旨書」という）の形で1990年6月にIASC理事会により承認されている（菊谷［1994］27〜28頁，菊谷［1997］351頁）。

　E 32および「E 32趣旨書」の提案に従って改訂されたIAS 16（1993年改訂）（pars. 29〜30）では，標準処理として「原価モデル」，代替処理として「再評価モデル」が適用されたが，IAS 16（2003年改訂）（par. 29）に至って，再度，「原価モデル」と「再評価モデル」の選択適用が可能となった。したがって，2011年修正の現行IAS 16では，「原価モデル」と「再評価モデル」には，適用の優劣関係はない。

　「原価モデル」では，有形固定資産は，取得原価から減価償却累計額・減損損失累計額を控除した価額で評価しなければならない（IAS 16, par. 30）。この会計方針は，取得原価主義に基づく期末評価基準であり，わが国でも採用されている。「企業会計原則」（第三・五・D）は，「有形固定資産については，

その取得原価から減価償却累計額を控除した価額をもって貸借対照表価額とする。」と規定し,「原価モデル」を強制適用する。

　IAS 16（par. 79）が求める開示内容の一つとして,「原価モデル」を採用したが,取得原価が公正価値と著しく乖離する場合には,当該公正価値を財務諸表利用者にとって必要な情報として開示することが望まれる。

　しかしながら,財務諸表本体には取得原価で評価し,注記に時価情報を開示する会計方針は,「公正価値モデル」と同様の手間を要するとともに,時価の有用性を自ら認めた自己矛盾に陥っていると言わざるを得ない（菊谷［2014］19頁）。

　「再評価モデル」の下では,「公正価値」が信頼性をもって測定できる有形固定資産は,再評価実施日における公正価値から減価償却累計額・減損損失累計額を控除した評価額で計上される（IAS 16, par. 31）。ここに「公正価値」[1]とは,測定日に市場参加者間における秩序ある取引（an orderly transaction between market participants）により資産を売却することから受け取られる価格をいう（IAS 16, par. 6）。再評価の頻度としては,公正価値の変動が激しいときには,毎年,必要であり,少なくとも3年から5年ごとに再評価しなければならない（IAS 16, par. 34）。

　わが国の会計基準では,会社更生・企業結合等の特殊なケースを除き,資産の再評価は認められない。

　再評価の結果として増加した帳簿価額の増加額（increase）は,「再評価剰余金」（revaluation surplus）の科目を付して「その他の包括利益」に認識し,株主持分に直入する。すなわち,当期純利益には算入しないが,いずれ売却譲

---

1) IFRS 13「公正価値による測定」が2011年に公表される前のIAS 16（2003年改訂）（pars. 32～33）の規定に従えば,「公正価値」は,通常,市場価値であるが,土地・建物の「公正価値」は,有資格の鑑定人の行う評価による市場価値に基づく証拠によって決められていた。市場価値の証拠がない場合には,現在割引価値または減価償却後の再調達原価（depreciated replacement cost）を使用した「公正価値」が見積もられることもある。これらの規定は,2011年修正の現行IAS 16で削除されている。

渡時等（認識の中止）に利益剰余金に振り替える会計処理が採択されている（IAS 16, par. 41）。ただし，再評価剰余金は，以前に費用として認識された同一資産の再評価による減少額を戻し入れる範囲内で収益として認識しなければならない（IAS 16, par. 39）。新田［2007］（7頁）も解明しているように，投資総額を確定し再評価剰余金を最終的には利益とする会計処理には，結果として記録つまり簿記の次元で「投下資本の回収計算」が貫徹されている。

なお，再評価の結果として減少した帳簿価額の減少額（decrease）は，当期の損失として認識される。ただし，当該減少額は，当該資産に関する再評価剰余金の貸方残高の範囲内で「その他の包括利益」に認識され，「その他の包括利益」に認識された当該減少額は，再評価剰余金に累積していた金額から控除される（IAS 16, par. 40）。

このように，再評価により生じた帳簿価額の減少額は直接的に損失として処理されるが，過年度に貸記された再評価剰余金の範囲内で相殺される。かつてハックス（Hax, K.［1957］SS. 25～26, 34～38 und 61～68）が提唱した「資本・実体結合計算」（kombinierte Kapital-Substanzerhaltung）または「二重最低限の原理」（Prinzip des doppelten Minimums）のように，「再評価剰余金」（ハックスのいう「実体維持積立金」）は，時価の下落時（または部分的清算時，企業の解散時）に取り崩され，処分可能利益に算入されている。すなわち，IASBでいう再評価剰余金は，資本修正項目ではなく，繰延利益（未実現利益）であったと考えられる（菊谷［2007］42～43頁）。

たとえば，t_1期首に1,000万円で土地を取得し，t_1期末に1,300万円と再評価され，t_2期末に900万円に下落し，さらにt_3期末に1,200万円に回復し，t_4期央に1,400万円で売却処分したと仮定する場合，当該土地の取得・再評価・売却（当初測定・再測定・認識の中止）における仕訳は，次のとおりである。

t_1期首：

　　（借）土　　地　　　　10,000,000　（貸）現　　　　金　　10,000,000

t_1期末：

　　（借）土　　地　　　　 3,000,000　（貸）再評価剰余金　　 3,000,000

t_2期末：

 （借）再 評 価 剰 余 金　3,000,000　（貸）土　　　　　地　4,000,000
   土 地 評 価 損　1,000,000

t_3期末：

 （借）土　　　　　地　3,000,000　（貸）土 地 評 価 益　1,000,000
             再 評 価 剰 余 金　2,000,000

t_4期央：

 （借）現　　　　　金　14,000,000　（貸）土　　　　　地　12,000,000
   再 評 価 剰 余 金　2,000,000　　　　利 益 剰 余 金　2,000,000
             土 地 売 却 益　2,000,000

　再評価により生じた帳簿価額の増加額を「再評価剰余金」の科目によって株主持分に直接貸記する会計処理は，ドイツ実体維持学説でいう「架空利益」（Scheingewinn），わが国で俗称されている「含み益」を純資産の一部として留保し，当該期間の損益計算書に算入しない会計方針である。再評価という会計行為から生じる資本利得（capital gain）を処分可能利益に算入すれば，その部分が社外流出され，企業の実体維持（営業能力維持）は図れない。継続企業（企業維持）の観点から，再評価差額は，利益ではなく資本修正（capital adjustment）として処理されるべきである（菊谷［1991］306頁）。

Ⅳ　有形固定資産の減価償却

1　減価償却の基礎価額

　利用目的資産である有形固定資産は，利用等により減価するが，減価という現象（event）を物量的に把握することは不可能であるので，一定の合理的な仮定に基づき，有形固定資産の取得原価を耐用年数にわたり規則的に費用（減価償却費）として配分することになる。有形固定資産の費用配分手続として減価償却を行う際に，どのような基礎価額を与えるのかによって，将来において配分される「償却可能価額」が異なるので，当該期間の減価償却費に影響を与

える。

　前述したように，IAS 16は，有形固定資産の再測定（期末評価），すなわち減価償却の基礎価額として「原価モデル」と「再評価モデル」の選択適用を容認している。

　「原価モデル」による減価償却費は取得原価に基づいて測定され，「再評価モデル」の下では，減価償却費は再評価額に基づいて計算され，全額損益計算書に算入される。有形固定資産が再評価された場合，再評価に伴う減価償却累計額は，次のいずれかの方法によって計上・表示される（IAS 16, par. 35）。

(a) 再評価後の資産の帳簿価額が再評価額と等しくなるように，資産の減価償却累計額控除前の帳簿価額の変動に比例して改訂される。
(b) 再評価前の減価償却累計額を消去し，その正味再評価額を新たな帳簿価額とする。

　上記(a)法は，機械等の再評価のように，「減価償却後の再調達原価」を算定するために指数の適用によって当該資産が再評価される場合に用いられることが多い。(b)法は，市場価値で再評価できる建物等に用いることが多い（IAS 16, par. 35）。

　たとえば，t_1期首に機械（耐用年数5年，残存価額0，定額法による）を500万円で取得し，t_2期末に時価が330万円に上昇した場合には，(a)法による仕訳は，次のとおりである。

t_1期首：
　（借）機　　　　械　　5,000,000　（貸）現　　　　金　　5,000,000
t_1期末：
　（借）減 価 償 却 費　　1,000,000　（貸）機械減価償却累計額　1,000,000
t_2期末：
　（借）減 価 償 却 費　　1,000,000　（貸）機械減価償却累計額　1,000,000
　（借）機　　　　械　　　500,000[※1]（貸）再 評 価 剰 余 金　　300,000[※2]
　　　　　　　　　　　　　　　　　　　　　機械減価償却累計額　　200,000[※3]

　　　　※1　(3,300,000÷3,000,000)×5,000,000−5,000,000=500,000

※2　3,300,000 − 3,000,000 = 300,000

※3　(3,300,000 ÷ 3年 − 2,000,000 ÷ 2年) × 2年) = 200,000

t_3期末：

　　（借）減　価　償　却　費　　1,100,000※4（貸）機械減価償却累計額　　1,100,000

※4　3,300,000 ÷ 3年 = 1,100,000

(a)法では，t_2期末時の時価330万円と簿価300万円（=500万円 − 200万円）との割合に応じて，基礎価額を500万円から550万円（=（330万円 ÷ 300万円）× 500万円）に，減価償却累計額を200万円（= 100万円 × 2年）から220万円（=（330万円 ÷ 3年）× 2年）に修正される。再評価後におけるt_3期末（以降）の減価償却費は，t_2期末の再評価額（330万円）に基づいて計算される。

IASBでは，減価償却費は，取得原価または再評価額に基づいて計算されるが，わが国では，再評価額に基づく減価償却は認められていない。

2　耐用年数と残存価額

耐用年数とは，企業によって資産が利用されると見込まれる期間または当該資産から得られると予測される生産高または単位数をいう（IAS 16, par. 6）。資産の耐用年数の決定に当たっては，(a)使用態様，(b)物理的磨滅・損耗，(c)技術進歩・需要変動から生じる技術的・経済的陳腐化および(d)法的制限または類似の制的を考慮しなければならない（IAS 16, par. 56）。

理論的には，有形固定資産の配置場所，操業度（利用度）の大小，修繕・管理の程度等の特殊的条件を参考にして，個別的に耐用年数を決めるべきである。同一資産であっても，異なる企業や業種，その配置場所等によって，利用可能な技術的・経済的耐用年数は多様のはずである。しかも，その決定には経営者の判断・見積りが介入するので，定期的に見直すべきであり，必要なときには訂正しなければならない（菊谷［2001］16～17頁）。

IAS 16（par. 51）は，残存価額とともに耐用年数の見直しを強制している。すなわち，有形固定資産の残存価額と耐用年数は，少なくとも各会計年度末に見直さなければならない。

わが国の「連続意見書第三」（第一・八）では，耐用年数の前提要件となっている事項が著しく変化した場合に当該耐用年数の変更は求められるが，この要求は耐用年数の定期的な見直しとは異なる。

3　減価償却方法

　IAS 16では，減価償却方法は，資産の将来の経済的便益が企業によって消費されると予測されるパターンを反映しなければならない。選択された減価償却方法は，将来の経済的便益の予測消費パターン（expected pattern of consumption of the future economic benefits）に変更がない限り，毎期継続して適用される。減価償却方法として，定額法，定率法および生産高比例法が例示列挙されている（IAS 16, pars. 60 and 62）。減価償却方法の任意的選択と継続的適用の規定に関しては，わが国の会計基準とは大差ない。

　ただし，IAS 16（par. 61）では，減価償却方法の定期的見直しが要求されている。つまり，少なくとも各会計年度末に適用する減価償却方法を見直し，将来の経済的便益の予測消費パターンに大きな変更があった場合には，減価償却方法は変更しなければならない。減価償却方法の継続的適用を要求するとともに，定期的見直しと変更も要求している。

　わが国には，減価償却方法の定期的見直しに関する規定は存在しない。「企業会計原則」（注解〔注1-2〕）が，重要な会計方針として減価償却方法の注記による開示を求めるに過ぎない。

4　減価償却の償却単位

　減価償却の計算単位（償却単位）をどのように定めるかによっても，当該期間の減価償却費の金額は異なる。わが国では，償却単位として「個別償却」と「総合償却」（組別償却を含む）が認められている。

　IAS 16（pars. 43〜45）では，有形固定資産の取得原価の総額に対して重要である各構成部品（each part）については，個別に減価償却を行う「構成部品別償却」が採用されている。たとえば，航空機を減価償却する場合，機体部

分とエンジン部分に分けて，個別の取得原価・耐用年数・減価償却方法に基づいて減価償却を行う。ただし，耐用年数・償却方法が同じである場合には，グループ化して減価償却費を算定することもできる。

V　有形固定資産の減損処理

1　減損損失の認識

　有形固定資産の利用または売却によって回収される回収可能価額（recoverable amount）が帳簿価額（carrying amount）を下回る場合，両者の差額は「減損損失」（impairment loss）として測定される。

　減損損失を測定する前に，減損損失の認識を行う必要があるが，減損損失を認識する規準として，(イ)減損損失が永久であると考えられる場合に認識する「永久的規準」（permanent criterion），(ロ)回収可能価額が帳簿価額を下回る場合に認識する「経済的規準」（economic criterion），(ハ)資産の帳簿価額を回収できない可能性が高い場合に認識する「蓋然性規準」（probability criterion）がある。

　IAS 36（par. 59）では，資産の回収可能価額が帳簿価額より低い場合に，当該資産の帳簿価額を直ちに回収可能価額まで減額しなければならないので，「経済的規準」が採られている。わが国では，「割引前の将来キャッシュ・フローの総額」と帳簿価額を比較して減損損失が認識されるので，「蓋然性規準」が採用されている（「減損会計基準」二・2(1)）。

2　減損損失の測定

　減損損失は，有形固定資産の回収可能価額が帳簿価額を下回る金額であるが，IAS 36（par. 6）でいう回収可能価額とは，資産の「処分費用控除後の公正価値」（fair value less costs to disposal）と「利用価値」（value in use）のいずれか高い金額である。ちなみに，IASBにおける「公正価値」とは，測定日に市場参加者間における秩序ある取引により資産を売却することから受け取

られる価格をいい,「利用価値」を意味する「事業体固有価値」(entity-specific value) とは,資産の継続的利用と処分から生じると期待されるキャッシュ・フローの現在価値である (IAS 16, par. 6, IFRS 13, par. 9)。

わが国の「減損会計基準」は認識規準として「蓋然性規準」を採用しているので,減損損失の認識を経た後に,減損損失の測定時に回収可能価額を算定し,減損損失を測定する「二段階処理」が施されている。IAS 36では,減損損失の認識時に「経済的規準」が採用され,利用価値(場合によっては,回収可能価額)が判明しているので,直ちに減損損失を測定できる「一段階処理」も行うことができる。

IAS 36 (par. 114) では,減損損失を測定した後に,当該資産の回収可能価額が上昇した場合,「減損損失の戻入れ」(reversal of impairment loss) を収益として認識しなければならない。ただし,減損損失の戻入れによって増加する資産の帳簿価額は,過年度に認識された減損損失がなかった場合の(減価償却控除後の)帳簿価額を超えてはならない (IAS 36, pars. 117 and 119)。すなわち,「原価モデル」の下では,取得原価主義の枠内で取得原価に基づく帳簿価額までは減損損失を戻し入れることができるが,取得原価を上回ることはできない。

わが国の「減損会計基準」(三・2) では,減損の存在が相当程度確実な場合に限って減損損失を認識・測定していること,戻入れは事務負担を増大させるおそれがあること等から,減損損失の戻入れは行わない。

3 再評価された資産の減損処理

IAS 36 (par. 61) は,再評価された資産の減損処理を要求するが,再評価資産の減損損失は,当該損失が当該資産に関する再評価剰余金の金額を超えない範囲で認識される。つまり,「再評価モデル」の下では,過去に累積していた再評価剰余金を超過しない範囲まで直接に相殺し,その相殺後の残額が「減損損失」として損益計算書に算入される。減損損失の戻入れは,再評価剰余金の科目で株主持分に直接に貸記されるが,減損損失が過去の損益計算書に認識さ

れているならば，その減損損失の戻入れは損益計算書上で認識される（IAS 36, par. 120）。

たとえば，t_1期首に6,500万円で土地を取得し，t_1期末には8,000万円と上昇したが，t_2期末に5,500万円に下落し，t_3期末に7,000万円に回復したと仮定した場合，「再評価モデル」における減損処理の仕訳は，次のとおりである。

t_1期首：
 （借）土　　　　地　65,000,000　（貸）現　　　　金　65,000,000

t_1期末：
 （借）土　　　　地　15,000,000　（貸）再 評 価 剰 余 金　15,000,000

t_2期末：
 （借）再 評 価 剰 余 金　15,000,000　（貸）土　　　　地　25,000,000
 　　　減　損　損　失　10,000,000

t_3期末：
 （借）土　　　　地　15,000,000　（貸）減 損 損 失 戻 入　10,000,000
 　　　　　　　　　　　　　　　　　　　　再 評 価 剰 余 金　 5,000,000

わが国では，「再評価モデル」が採用されていないため，「減損会計基準」には，再評価資産の減損処理に関する規定はない。

VI　有形固定資産の認識の中止

有形固定資産の帳簿価額の認識は，(a)処分（disposal），(b)その利用または処分から将来の経済的便益が期待できない場合に，中止しなければならない（IAS 16, par. 67）。

有形固定資産の認識の中止が行われた場合，正味処分収入額（net disposal proceeds）と帳簿価額との差額である利得または損失（gain or loss）は損益に算入される（IAS 16, pars. 68 and 71）。前述したように，過去に留保していた再評価剰余金は利益剰余金に振り替えられる。

わが国では，「再評価モデル」が採用されていないので，再評価剰余金に関

する規定はない。

Ⅶ　有形固定資産に関する注記

　わが国では，有形固定資産に関する注記事項としては，減価償却方法，減価償却累計額（直接記帳法による場合），国庫補助金等の金額（圧縮記帳法による場合），耐用年数または残存価額を変更した旨等が列挙されている。

　IAS 16（pars. 73〜79）は，(1)「原価モデルにおける注記事項」（たとえば，減価償却方法，耐用年数または減価償却率，担保の抵当対象資産の有無と金額，建設中の資産の資本的支出，取得に関する契約額等），(2)「再評価モデルにおける注記事項」（たとえば，再評価日，独立鑑定人の有無，原価モデルにおける取得原価等），(3)「開示が望まれる注記事項」（たとえば，一時的遊休資産の取得原価，減価償却終了後資産の取得原価，原価モデル採用の場合における公正価値等）をそれぞれ要求している。わが国における注記事項と比べて，豊富・詳細な注記内容が開示されている。

Ⅷ　有形固定資産会計に関する実証研究

1　Vanza, Wells and Wright［2011］の研究
(1)　背景と目的

　「減損」に関する先行研究にもあるように，減損に際して経営者は相当な裁量を有しており，いわゆるビックバスにみられる経営者の機会主義的会計行動を示す証拠，情報の非対称性の緩和を目的とした減損に関する証拠がいくつか提示されてきた。そうであるならば，経営者による減損の実施は，はたして世界的金融危機（Global Financial Crisis）においても，これまでと同様の結果を示すのであろうか。

　そこで，本研究では，2005年にIFRSを適用したオーストラリアの上場企業を対象にして，IAS 36による経営者の減損実施のモチベーションを(i)減損実施

前後の情報の非対称性および(ⅱ)減損実施後の情報の非対称性を用いて検証する。

(2) 実証内容

(a) サンプル

2007年から2009年の3年間において,オーストラリアに上場する企業（5,884企業年度）から647企業年度を抽出した。なお,「サンプル企業選択条件」は,次のとおりである。

- (イ) Aspect Huntley および SIRCA から必要なデータが入手できること
- (ロ) 時価簿価比率が1以下であること
- (ハ) 資本金が＄1,000万以上であること
- (ニ) 投資不動産業でないこと
- (ホ) 両側5％のサンプルを含めないこと

(b) 仮　　　説

仮説として,次の二つの仮説を設定している。

仮説1：資産の減損と情報の非対称性との間には正の相関がある。

仮説2：資産の減損は企業の私的情報を開示するため,情報の非対称性が緩和される。

(c) 検証モデル

検証モデルとして,「重回帰分析」が採用され,八つのモデルが示されている[2]。

＜モデル1＞

被説明変数：*Impairment-Cont*（減損損失額／期末総資産）

説明変数：*Info Asym^{pre}*（期末前90日間の日次ビッドアスクスプレッドの平均）, M/Bダミー（期末の簿価時価比率が1より小さければ1,そうでなければ0とするダミー変数）, BHR（年次バイアンドホールドリターン）, ΔOCF, ΔCEO（CEO交代があれば1,そうでなければ0とするダミー変数）, 負債比率, *Unverifiable*（の

---

[2] 紙幅の関係上,八つあるモデルのうち二つのモデルを紹介するに止める。

れん，有形固定資産，棚卸資産の合計／期末総資産），監査報酬変化率，規模，セグメント数，GFC（2009年の世界金融危機であれば1，そうでなければ0とするダミー変数）

＜モデル2＞

被説明変数：*Impairment-Dich*（当該期中に認識された減損であれば1，そうでなければ0とするダミー変数）

説明変数：モデル1と同様

(d) **実証結果と解釈**

分析の結果，仮説1を支持する結果は得られなかった。仮説2については，モデルの当てはまりが悪いものの，仮説を完全には否定できない証拠がいくつか得られており，次のように解釈することができる。

(イ) 世界的金融危機にかかわらず，経営者が減損を実施しようとする動機は，情報の非対称性を緩和させようとするためではなく，主として経営者の交代である。

(ロ) 世界的金融危機に際しては，負債比率の高かった企業ほど，減損を実施しなかった傾向がある。

2 Trottier [2013] の研究

(1) **背景と目的**

IASBは，IAS 36において資産価値が回復した場合には，長期固定資産の利用価値（現在価値）までの戻入れを認めており，理論的には，利用価値と帳簿価額との整合性を図ることによって財務報告の信頼性を高めようとしている。

しかしながら，減損計上以降の会計年度に経営者による利益増加の手段を，しかも検証困難な形で拡大させてしまったのも事実である。こうした基準が減損損失計上に何らかの改善効果を及ぼすのであろうか。具体的には，将来に減損損失の戻入れが可能であれば，経営者はより忠実に減損損失を計上し，一方で，経営者は何らかの目的で減損損失の計上と戻入れを操作するのであろうか。これらの視点からの検証は行われていない。

そこで，本研究では実験的アプローチを用いて，(i)機会主義的な経営者と効率的契約を前提とする経営者は，戻入れが不可能な不可逆的損失よりも，戻入れが適宜可能な可逆的損失の計上を好むかどうか，また，(ii)機会主義的な経営者は，将来の業績不振時に相殺を目的として減損損失を計上するかどうか，さらに，(iii)効率的契約を前提とする経営者は，将来に価値が下落した資産を報告するリスクを避けるために減損損失を計上するのかどうかを検証した。

(2) 実証内容
(a) サンプル

カナダに本拠地を置く企業で，オンラインアンケートフォームが送信された経営者1,505人から，下記の実験サンプル選択条件を満たした118人をサンプルとして採用した。

(イ) 売上高が50万ドル以上である経営者であること
(ロ) 内部情報にアクセスできる経営者であること
(ハ) 実験に必要な情報をすべて入力していること

(b) 仮　　説

仮説として，次の二つの仮説を設けている。

仮説1：減損損失の戻入れが可能であれば，経営者は減損処理を積極的に実施する。

仮説2：ボーナスの算定基準を有する経営者は，ボーナスの算定基準がない経営者と比べて減損処理には消極的である。

(c) 検証モデル

検証モデルとして，「共分散分析」(ANCOVA) が採用され，二つのモデルが示されている。

＜モデル1＞

被説明変数：減損計上積極度ダミー (1－7)

説明変数：*Reverse*（減損損失の戻入れが可能であれば1，そうでなければ0とするダミー変数），*No Bonus*（ボーナス算定基準があれば1，なければ0とするダミー変数），*Reverse＊No Bonus*, 年齢ダミー，

性別ダミー，*f_type*（公的企業であれば1，そうでなければ0とするダミー変数），就業年数，会計関与度ダミー，売上高カテゴリーダミー，CEOダミー，管理職ダミー，職場類似性尺度ダミー（1-7）

＜モデル2＞
被説明変数：減損損失の戻入可能時における減損計上積極度ダミー（1-7）
説明変数：モデル1と同様

(d) **実証結果と解釈**

分析の結果，概ね両仮説を支持する結果が得られており，主たる結果は，次のようにまとめることができる。

(イ) ボーナスの算定基準を有する経営者には，減損損失を戻し入れる傾向がある。

(ロ) 減損損失の戻入れが可能であるならば，経営者は減損損失をより認識しやすい。

(ハ) ボーナスの算定基準を有する経営者でも，減損損失の戻入れが認められていない場合には，減損損失を認識しない傾向がある。

(ニ) 減損損失の戻入れが可能であるならば，ボーナスの算定基準を有する経営者がより忠実に減損損失を報告する主因は，利益の平準化ではなく，将来に失われたボーナスを取り戻そうとする動機から生じる。

(ホ) 会計に強みのある経営者は，減損損失の計上に懐疑的であり，かつ，減損損失の戻入れが認められても，財務報告が改善するという期待はもたない。

3　実証研究のまとめと今後の展望

これまで，わが国の「減損会計基準」における先行研究においても，経営者による裁量の余地が多分にあり，それらを裏付ける実証的証拠がいくつか提示されてきた。わが国の「減損会計基準」がIFRSに収斂され，「減損損失の戻入れ」を認めているIAS36に準拠するならば，上述した先行研究のとおり，経営

者の裁量拡大は不可避である。

　こうした状況下で，本節で紹介したIAS 36に係る有形固定資産の実証的・実験的研究はいくつか興味深い示唆を与えてくれた。特筆すべきは，経営者の裁量は確かに増えたものの，同時に，減損情報全般の信頼性および有用性は高まる可能性があるということである。つまり，資産価値が回復し，減損損失の戻入れが認められるのであれば，固定資産に関する信頼性が改善されるだけでなく，経営者が減損損失を積極的に計上しようと動機付けられることによって，財務報告の信頼性，ひいてはその有用性が高まることが期待されるのではないであろうか。

　また，今後期待される研究として，減損損失の戻入れに関する情報の有用性ならびに戻入情報に対する市場の反応など，研究余地が多分にある魅力的な領域と言えよう。

【参考文献】

Camfferman, Kees and Stephen A. Zeff [2007] *Financial and Global Capital Markets: A History of the International Accounting Standards Committee 1973 - 2000*, Oxford University Press.

FASB [2001] *Statement of Financial Accounting Standards No. 143 "Accounting for Asset Retirement Obligation"*. ・・・SFAS 143

FASB [2006] *Statement of Financial Accounting Standards No. 157 "Fair Value Measurements"*. ・・・SFAS 157

Hax, Karl [1957] *Die Substanzerhaltung der Betriebe*, Westdeutscher Verlag.

IASB [2001] *International Accounting Standard 20 (revised 2001) "Accounting for Government Grants and Disclosure of Government Assistance"*. ・・・・・・・・・・・・ IAS 20

IASB [2003] *International Accounting Standard 16 (revised 2003) "Property, Plant and Equipment"*. ・・・・・・・・・・・・・・・・・・・・・・・・・・・・・・・・・・ IAS 16（2003年改訂）

IASB [2003] *International Accounting Standard 36 (revised 2003) "Impairment of Assets"*. ・・・ IAS 36

IASB [2007] *International Accounting Standard 17 (revised 2007) "Leases"*. ・・・・・・・・
・・・ IAS 17

IASB［2007］*International Accounting Standard 23（revised 2007）"Borrowing Costs".* ……………………………………………………………… IAS 23
IASB［2010］*Conceptual Framework for Financial Reporting 2010.* ……「概念FW」
IASB［2011］*International Financial Reporting Standard 13 "Fair Value Measurement".* ……………………………………………………… IFRS 13
IASB［2011］*International Accounting Standard 16（amended 2011）"Property, Plant and Equipment".* …………………………………………………… IAS 16
IASC［1982］*International Accounting Standard 16 "Accounting for Property, Plant and Equipment".* …………………………………………… IAS 16（1982年）
IASC［1989］*Exposure Draft 32 "Comparability of Financial Statements".* ……… E 32
IASC［1990］*Statement of Intent "Comparability of Financial Statements".* …………
 ……………………………………………………………………「E 32趣旨書」
IASC［1993］*International Accounting Standard 16（revised 1992）"Property, Plant and Equipment".* ……………………………………… IAS 16（1993年改訂）
IASC［1998］*International Accounting Standard 16（revised 1998）"Property, Plant and Equipment".* ……………………………………… IAS 16（1998年改訂）
Trottier, Kim［2013］"The Effect of Reversibility on a Manager's Decision to Record Asset Impairments." *Accounting Perspectives*, Vol. 12 No. 1, pp. 1～22.
Vanza, Samir, Peter Wells, and Anna Wright［2011］"Asset impairment and the disclosure of private information." Working Paper. University of Technology, Sydney.

企業会計審議会［1960］「企業会計原則と関係諸法令との調整に関する連続意見書第三 有形固定資産の減価償却について」……………………………「連続意見書第三」
企業会計審議会［1982］「企業会計原則」（最終修正）……………「企業会計原則」
企業会計審議会［2002］「固定資産の減損に係る会計基準」…………「減損会計基準」
企業会計基準委員会［2007］企業会計基準第13号「リース取引に関する会計基準」……
 ………………………………………………………………………「基準13号」
企業会計基準委員会［2008］企業会計基準第18号「資産除去債務に関する会計基準」…
 ………………………………………………………………………「基準18号」
菊谷正人［1988］『英国会計基準の研究』同文舘.
菊谷正人［1991］『企業実体維持会計論 ― ドイツ実体維持学説およびその影響 ―』同文舘.
菊谷正人［1994］「国際会計の研究」創成社.
菊山正人［1997］「多国籍企業会計論」創成社.
菊谷正人［2001］「有形固定資産会計の国際比較」『政経論叢』第81号, 1～23頁.
菊谷正人［2007］「国際会計基準第16号『有形固定資産』の総合的・分析的検討」『経営志林』第44巻第1号, 37～53頁.

菊谷正人［2008a］「資産除去費用に関する会計処理法に関する比較分析」『財務会計研究』第2号，1～24頁．
菊谷正人［2008b］「有形固定資産の認識・測定の諸問題」『国際会計研究学会年報 ― 2007年度 ― 』，99～109頁．
菊谷正人［2008c］「『資産除去債務に関する会計基準』の問題点 ― 資産除去債務会計の国際比較 ― 」『経営志林』第45巻第2号，41～58頁．
菊谷正人［2014］「有形固定資産会計の論点」『税経通信』第69巻第7号，17～23頁．
新田忠誓［2007］「国際基準の有形固定資産会計論 ― わが国思考とIAS第16号の相違を考える ― 」『財務会計研究』創刊号（第一号），1～12頁．

第2章

投資不動産会計

I 投資不動産の意義・種類

「投資不動産」(investment property) とは，賃貸収益または資本増価あるいはその双方を目的として所有される不動産をいう。したがって，自己使用不動産（物品の製造・販売または役務の提供，経営管理目的で所有される不動産）および販売用不動産（通常の営業過程において販売目的で所有される不動産）は投資不動産から除外される (IAS 40, par. 5)。

投資不動産は，事業活動に直接利用される「事業用資産」ではないが，長期に所有される「固定資産」であり，非償却性資産を除き，「費用性資産」である。市場価格の変動または運用による利益獲得を目的として所有している投資不動産は，「その他有価証券」のような金融資産と類似する性格があり，「金融投資化された有形固定資産」とみなされる（菊谷 [2014] 30頁）。

IAS 40 (pars. 8〜9) では，投資不動産の識別を容易にするために，投資不動産に該当する具体例と該当しない具体例を示している。

(1) 投資不動産に該当する具体例
① 通常の営業過程において短期間に販売されるものではなく，長期的な資本増価のために所有されている土地
② 現時点で将来の用途が未定のまま所有されている土地

35

③　事業体が所有しているか，ファイナンス・リースにより事業体が所有している建物であり，オペレーティング・リースにより貸し出されている建物
④　オペレーティング・リースのために所有されているが，現在，借手がない建物
(2) 投資不動産に該当しない具体例
①　販売用不動産または販売目的で建設・開発中の不動産
②　第三者のために建設・開発中の不動産
③　自己使用不動産または自己使用不動産として将来使用するために所有する不動産
④　ファイナンス・リースの下で他事業体にリースされている不動産

　わが国では，2008年11月に公表され，2011年3月に改正された「基準20号」（4項(2)）によれば，「賃貸等不動産」とは，棚卸資産に分類されている不動産以外のものであり，賃貸収益またはキャピタル・ゲインの獲得を目的とする不動産（ファイナンス・リース取引の貸手における不動産を除く）である。物品の製造や販売，サービスの提供，経営管理に使用されている場合には，賃貸等不動産には含まれない。

　この定義内容から判断すると，「投資不動産」と「賃貸等不動産」は基本的に類似している。将来において投資不動産または賃貸等不動産として使用する予定で開発中の不動産については，「基準20号」では賃貸等不動産に該当するが，IAS 40（2003年改訂）では投資不動産に該当しないという点で若干の違いがあったが，IAS 40では投資不動産とされた。

　なお，わが国の「基準20号」は，賃貸等不動産の時価の開示のみを規定したものであり，認識・測定および表示については有形固定資産に関する基準が適用されるという点で，IAS 40とは異なっている。

Ⅱ　投資不動産の当初認識・当初測定

1　投資不動産の当初認識
　投資不動産は，①当該不動産に関する将来の経済的便益が事業体に流入する可能性が高く，かつ，②当該投資不動産の取得原価が信頼性をもって測定できる場合にのみ，資産として認識される（IAS 40, par. 16）。

2　投資不動産の当初測定
　資産として認識された投資不動産は，その時点において取得原価で測定しなければならない（IAS 40, par. 20）。
　購入した投資不動産の「取得原価」には，購入代価およびすべての直接的付随支出（たとえば，法的サービスのための専門家報酬や不動産取得税等の取引費用）が含まれる（IAS 40, par. 21）。
　リースの下で所有している投資不動産の取得原価は，当該不動産の「公正価値」または「最低リース料総額の現在価値」のいずれか低い金額で認識しなければならない（IAS 40, par. 25）。

Ⅲ　投資不動産の再測定（期末評価）

　投資不動産が取得原価によって当初認識・測定されると，その後の会計方針として「公正価値モデル」と「原価モデル」のいずれかを選択し，それをすべての投資不動産に継続適用しなければならない（IAS 40, par. 30）。

1　公正価値モデル
　「公正価値モデル」を選択した場合，すべての投資不動産が公正価値で測定されなければならない（IAS 40, par. 33）。
　オペレーティング・リースの下で借手が所有する不動産賃借権が投資不動産

に分類される場合[1]には，当該資産のみならず，所有するすべての投資不動産について「公正価値モデル」が適用されなければならない（IAS 40, pars. 6 and 34）。

投資不動産の公正価値の変動から生じた損益は，発生した年度の損益に含められる（IAS 40, par. 35）。

ここに「公正価値」とは，前述のIAS 16（par. 6）やIFRS 13（par. 9）の定義と同様に，測定日に市場参加者間における秩序ある取引により資産を売却することから受け取られる価格をいう（IAS 40, par. 5）。投資不動産の公正価値は，決算日現在の市場の状況を反映するものでなければならない[2]。

ただし，投資不動産の公正価値について継続的に信頼性をもって決定できない場合がある。比較可能な市場取引がめったに成立せず，公正価値の代替的な測定値（たとえば，割引キャッシュ・フロー）が利用できない場合がそれに該当する。このような例外的な場合には，IAS 16の「原価モデル」が適用される。すなわち，取得原価から減価償却・減損損失累計額を控除した価額で測定しな

---

1) 2001年4月にIASCから公表されていたIAS 40は，2011年にIASBにより最終修正され，オペレーティング・リースの下で借手が所有する不動産賃借権は，(a)投資不動産の他の定義が満たされており，(b)オペレーティング・リースがIAS 17に定められるファイナンス・リースであるかのように会計処理されており，かつ，(c)借手が認識された資産について「公正価値モデル」を用いている場合には，投資不動産に分類し，会計処理することができるとされた（IAS 40, pars. 6 and IN 5）。不動産賃借権が投資不動産と同一視することができる場合を認めたものである。

2) 2011年の最終修正前に2003年に改訂されていたIAS 40（2003年改訂）によれば，投資不動産の公正価値は，類似した不動産の活発な市場における時価（current prices）により与えられるが，活発な市場の現在価格が存在する場合には，当該時価が投資不動産の公正価値となる（IAS 40（2003年改訂），par. 45）。活発な市場における時価が存在しない場合には，以下の情報を考慮して公正価値は決定される（IAS 40（2003年改訂），par. 46）。
    (a) 性質・条件・立地等が異なる他の投資不動産に関して存在する活発な市場の時価を基礎とし，評価対象物件との差異を調整した価格
    (b) あまり活発でない市場で成立した直近の価格を基礎とし，その価格で取引が行われた日以降に生じた経済的状況の変化を調整した価格
    (c) 類似する不動産の状況に基づいて将来キャッシュ・フローを見積算定したその割引現在価値

ければならない (IAS 16, par. 30)。

2 原価モデル

「原価モデル」を選択した場合には，すべての投資不動産につきIAS 16の「原価モデル」に従って，有形固定資産と同様に，取得原価から減価償却・減損損失累計額を控除した価額で測定しなければならない。なお，投資不動産のうち，IFRS 5に従って「売却目的固定資産」に分類される基準に合致するものは，IFRS 5に従って測定されなければならない（IAS 40, par. 56）。

IAS 40は，投資不動産の取得後の再測定に際して，「公正価値モデル」と「原価モデル」のいずれかを採用したならば，すべての投資不動産に継続適用すべきことを要求しているが，その二つのモデルの優先劣後の関係を示していない。IASBは，不動産市場の中には「公正価値モデル」が十分に作用できる程度には成熟していないものもあるという理由等から，この段階ですべての投資不動産に「公正価値モデル」を要求することは，実務上不可能であることを認めている（IAS 40, pars. B 4 and B 48）。

しかし，投資不動産が独立したキャッシュ・フローを生み出すという性質により自己使用不動産と区別されることから，投資不動産について「公正価値モデル」を使用することを好ましいものとしている（IAS 40, par. B 45）。要するに，投資不動産について活発な市場が存在している等，「公正価値モデル」を採用できる状況が存在するならば，可能な限り「公正価値モデル」を採用するのが好ましいと思われる。

IV 投資不動産の他勘定への振替

1 投資不動産から自己使用不動産への振替

不動産について用途の変更がある場合には，投資不動産からの振替または投資不動産への振替が行われる（IAS 40, par. 57）。

たとえば，投資不動産は，自己使用の開始により自己使用不動産に振り替

えられる。用途変更日以後には，自己使用不動産はIAS 16に基づき処理される。その際，用途変更日現在の公正価値が取得原価となる（IAS 40, par. 60）。

たとえば，投資不動産として所有していた建物（帳簿価額：2,000万円，公正価値：2,400万円）について自己使用を開始したため，この時点で自己使用不動産に振替処理を行った場合の仕訳は，次のとおりである。

　　（借）建　　　　　物　24,000,000　（貸）投 資 不 動 産　20,000,000
　　　　　　　　　　　　　　　　　　　　　　投資不動産評価益　4,000,000

2　投資不動産から棚卸資産への振替

投資不動産は，販売計画を伴う開発の開始により棚卸資産に振り替えられる場合もある。用途変更日以後には，棚卸資産はIAS 2に基づき処理される。その際，用途変更日現在の公正価値が取得原価となる（IAS 40, par. 60）。

たとえば，投資不動産として所有していた建物（前期末帳簿価額：3,000万円）について販売計画を伴う開発を開始したため，この時点で商品（公正価値：2,800万円）に振替処理を行った場合の仕訳は，次のとおりである。

　　（借）商　　　　　品　28,000,000　（貸）投 資 不 動 産　30,000,000
　　　　　投資不動産評価損　2,000,000

3　自己使用不動産から投資不動産への振替

自己使用不動産は，自己使用の終了により投資不動産に振り替えられる。当該振替により投資不動産が公正価値で計上される場合には，用途変更日まではIAS 16を適用しなければならない。用途変更日における帳簿価額と公正価値の差額は，IAS 16における再評価と同一の方法により，次のように処理される（IAS 40, pars. 61〜63 and 65）。

(1)　公正価値が帳簿価額より小さい場合

公正価値と帳簿価額の差額は，損失として認識される。ただし，当該不動産につき「再評価剰余金」が積み立てられている場合には，当該差額は積立金額を限度として「再評価剰余金」から控除される。

たとえば，自己使用不動産である建物（帳簿価額：4,000万円）の自己使用を終了したので，投資不動産（公正価値：3,500万円）に振替処理を行った場合，再評価剰余金として300万円が積み立てられているときの仕訳は，次のとおりである。

　　（借）投　資　不　動　産　35,000,000　（貸）建　　　　物　40,000,000
　　　　　再　評　価　剰　余　金　 3,000,000
　　　　　投資不動産評価損　 2,000,000

(2) 公正価値が帳簿価額より大きい場合

　過年度に減損が計上されていた場合には，その減損額に相当する額まで差額を利益として計上しなければならない。減損額を上回る金額については，財政状態計算書の持分の部に「再評価剰余金」として直接計上する。その後，投資不動産が処分される場合には，当該「再評価剰余金」は「利益剰余金」に振り替えられる。この振替処理は，損益を経由せずに行われる。

　たとえば，自己使用不動産である建物（帳簿価額：4,000万円）の自己使用を終了したので，投資不動産（公正価値：5,000万円）に振替処理を行った場合，過年度に減損損失400万円が計上されているときの仕訳は，次のとおりである。

　　（借）建　　　　物　 4,000,000　（貸）減損損失戻入　 4,000,000
　　　　　投　資　不　動　産　50,000,000　　　　建　　　　物　44,000,000
　　　　　　　　　　　　　　　　　　　　　　　再　評　価　剰　余　金　 6,000,000

　自己使用不動産から投資不動産への振替処理が行われる際に，帳簿価額と公正価値の金額に違いがある場合に，いずれの金額が高いかにより処理の内容が異なっている。すなわち，公正価値が帳簿価額よりも小さい場合には，その差額が「投資不動産評価損」という損益項目で計上されるが，公正価値が帳簿価額よりも大きい場合には，「再評価剰余金」として計上され，損益項目として計上されない。このような片面的な処理が行われることについて，IASBは，公正価値が帳簿価額よりも増加した額のうち当期の期首以前に生じた部分は当期の財務業績を表すものではないことから，当該増加額を損益計算書から除外

すべきとの理由を挙げている（IAS 40, par. B 66）。

　しかし，当期の財務業績を表すものでないのは，公正価値が帳簿価額よりも減少した場合の減少額も同様である。当期の財務業績をより正確に把握して処理の一貫性を図ることを重視するならば，公正価値が帳簿価額よりも減少した場合にも，「投資不動産評価損」という損益項目ではなく「再評価剰余金」として処理することに合理性があるように思われる。

4　棚卸資産から投資不動産への振替

　棚卸資産は，外部へのオペレーティング・リースの開始によって投資不動産に振り替えられる。振替日における公正価値と帳簿価額の差額は，損益として計上しなければならない（IAS 40, par. 63）。

　たとえば，商品として所有していた販売用不動産（帳簿価額：5,000万円）について，外部にオペレーティング・リースを開始したので，投資不動産（公正価値：4,400万円）に振替処理を行った場合の仕訳は，次のとおりである。

　　　（借）投 資 不 動 産　　44,000,000　　（貸）商　　　　　品　　50,000,000
　　　　　　投資不動産評価損　 6,000,000

5　建設・開発過程の不動産から投資不動産への振替

　建設・開発過程の不動産は，建設・開発の完了により投資不動産に振り替えられる。投資不動産が公正価値により計上される場合には，建設・開発完了時点における公正価値と帳簿価額の差額は，損益として計上しなければならない（IAS 40, par. 65）。

　たとえば，建設中の建物（帳簿価額：6,000万円）が完成したので，投資不動産に振替処理を行った場合に，振替時点における公正価値が6,100万円であったときの仕訳は，次のとおりである。

　　　（借）投 資 不 動 産　　61,000,000　　（貸）建 設 仮 勘 定　　60,000,000
　　　　　　　　　　　　　　　　　　　　　　　　投資不動産評価益　 1,000,000

V　投資不動産の処分（認識の中止）

　投資不動産が処分されたり，恒久的に投資不動産の使用を取り止めたことにより将来の経済的便益が見込まれなくなった場合には，その認識を中止（財政状態計算書から除去）しなければならない（IAS 40, par. 66）。

　投資不動産の使用中止または処分から生じる損益は，当該資産の正味処分収入額と帳簿価額の差額として算定される。これは，使用中止または処分が行われた期間の損益として認識される（IAS 40, par. 69）。

①　公正価値評価に伴う再評価剰余金が存在しない場合

　投資不動産（帳簿価額：7,000万円）を6,100万円で売却処分した場合の仕訳は，次のとおりである。

　　（借）現　金　預　金　　61,000,000　　（貸）投　資　不　動　産　　70,000,000
　　　　　投資不動産売却損　　9,000,000

②　公正価値評価に伴う再評価剰余金が存在する場合

　投資不動産につき公正価値評価に伴う再評価剰余金300万円が計上されている場合，当該投資不動産（帳簿価額：7,000万円）を7,500万円で売却処分した場合の仕訳は，次のとおりである。

　　（借）現　金　預　金　　75,000,000　　（貸）投　資　不　動　産　　70,000,000
　　　　　　　　　　　　　　　　　　　　　　　　投資不動産売却益　　　5,000,000
　　　　　再評価剰余金　　　3,000,000　　　　　利　益　剰　余　金　　3,000,000

　減損，消失または廃棄された投資不動産について第三者から補償を受領した場合には，当該補償金が受領可能となった時点で損益として認識されなければならない（IAS 40, par. 72）。

　たとえば，類焼による全焼の結果，廃棄された投資不動産としての建物（廃棄時帳簿価額：3,000万円）に関して，保険金（2,500万円）が受領可能となった場合の仕訳は，次のとおりである。

(借) 投資不動産廃棄損　30,000,000　（貸）投 資 不 動 産　30,000,000
　　　未　　収　　金　25,000,000　　　　受 取 保 険 金　25,000,000

Ⅵ　投資不動産に関する開示

1　一般的開示事項

　投資不動産に関する一般的開示事項は，次のとおりである（IAS 40, par. 75）。

(イ)「公正価値モデル」または「原価モデル」の会計方針
(ロ)「公正価値モデル」を適用する場合に，オペレーティング・リースの下で所有している不動産賃借権が投資不動産として分類・処理されていること
(ハ)　自己使用不動産および通常の営業過程において販売用不動産と区別するために使用している規準
(ニ)　測定・表示された投資不動産の公正価値が，公認の適切な専門的有資格者で評価対象となる不動産の所在地・分野に関して最近の実績を有する独立鑑定人による評価に基づいている度合（評価が行われていない場合には，その旨）
(ホ)　次の項目について損益として認識される金額
　(i)　投資不動産から生じた賃貸収益
　(ii)　期間中の賃貸収益に対応して投資不動産から生じた直接営業費（修繕費・維持費を含む）
　(iii)　期間中の賃貸収益に対応しない投資不動産から生じた直接営業費（修繕費・維持費を含む）
　(iv)「原価モデル」が適用されている資産群から「公正価値モデル」が適用されている資産群への投資不動産の売却によって損益として認識された公正価値の累積的増減額
(ヘ)　投資不動産の売却制限や売却代金の送金制限があれば，その事実と金額

(ト)　投資不動産の購入，建設・開発または修繕・維持・改良のための契約上の義務

2　公正価値モデルの開示事項

　「公正価値モデル」を適用する場合には，投資不動産の期首・期末の帳簿価額の差額について，次の事項を開示する必要がある（IAS 40, par. 76）。
　(イ)　取得による増加と取得後の資本的支出による増加を区分・開示した増加の合計
　(ロ)　企業結合による取得
　(ハ)　IFRS 5に従って売買目的固定資産または処分グループに含められる資産および他の処分
　(ニ)　公正価値の修正に伴う正味損益
　(ホ)　異なる表示通貨への財務諸表の換算および在外営業活動の報告企業の表示通貨への換算から生じる正味為替差額
　(ヘ)　棚卸資産・自己使用不動産への振替および棚卸資産・自己使用不動産からの振替
　(ト)　その他の変動

　なお，信頼性をもって公正価値を測定できない場合には，上記情報のほかに次の事項を開示しなければならない（IAS 40, par. 78）。
　　(i)　投資不動産の説明
　　(ii)　公正価値が信頼性をもって測定できない理由の説明
　　(iii)　可能な場合には，公正価値の見積値の範囲
　　(iv)　公正価値で計上されなかった投資不動産の処分を行った場合には，その事実，販売時の簿価および認識された損益額

3　原価モデルの開示事項

　「原価モデル」を適用する場合には，次の事項を開示しなければならない。
　(イ)　減価償却の方法

(ロ) 耐用年数または減価償却率
(ハ) 期首・期末の減価償却・減損損失累計額控除前帳簿価額と減価償却・減損損失累計額
(ニ) 以下の事項を示す期首・期末の投資不動産の帳簿価額変動内訳表
　(i) 取得による増加と取得後の資本的支出による増加を区分・開示した増加の合計
　(ii) 企業結合による取得
　(iii) IFRS5に従って売買目的固定資産または処分グループに含められる資産および他の処分
　(iv) 減価償却額
　(v) IAS36に従って期中に認識された減損損失および減損損失戻入額
　(vi) 異なる表示通貨への財務諸表の換算および在外営業活動体の報告企業の表示通貨への換算から生じる正味為替差額
　(vii) 棚卸資産・自己使用不動産への振替および棚卸資産・自己使用不動産からの振替
　(viii) その他の変動
(ホ) 投資不動産の公正価値（ただし、信頼性をもって公正価値を算定できない場合には、(i)投資不動産の説明、(ii)信頼性をもって測定できない理由の説明、(iii)可能な場合には公正価値の見積値の範囲）

「原価モデル」の開示事項として投資不動産の「公正価値」が挙げられているが、「原価モデル」を採用する場合の多くが、信頼性をもって公正価値を算定できないと推定されるので、この場合の開示事項の内容としては、上記のとおり、信頼性をもって公正価値を算定できない理由の説明が重要になると思われる。

Ⅶ　投資不動産会計に関する実証研究

1　Quagli and Avallone [2010] の研究
(1) **背景と目的**

　公正価値は将来キャッシュ・フローに深く関連していることから，価値関連性が高く，利益数値の正確性と計上の適時性の側面から優れており，情報の非対称性を緩和させる効果も期待される。

　一方，原価法は実現して初めて価値の変化を認識することから，保守主義，平準化，発生高の質の側面から優れており，測定コストも低いため，契約の効率性の観点からも有用性は高い。

　理論的には，どの方法にも賛否があり，実際の会計手続選択は企業特有の環境に依存することが予想される。そこで，本研究では，ヨーロッパ（フィンランド，フランス，ドイツ，ギリシャ，イタリア，スペイン，スウェーデン）の株式市場に上場する不動産企業を対象に，IAS 40の導入に伴う投資不動産の評価に公正価値を適用した要因に関して，IFRS 1による再評価された取得原価，および従来の取得原価の資産評価方法を踏まえて，情報の非対称性，契約の効率性，経営者の機会主義的会計選択の視点から検証する。

(2) **実証内容**

(a) **サンプル**

　2007年12月にヨーロッパの株式市場に上場する不動産業種216社のうち，下記のサンプル企業選択条件を満たした73社を抽出した。なお，「サンプル企業選択条件」は，次のとおりである。

　(イ)　IFRS適用初年度の財務報告書を利用できること
　(ロ)　貸借対照表上に投資不動産が計上されていること
　(ハ)　Datastream Internationalから必要なデータが入手できること

(b) **仮　　説**

　仮説は，次のように設けられている。

仮説1：IFRS適用以前に高レバレッジであった企業では，公正価値を選択する可能性は低い。

仮説2：企業規模が大きいほど，公正価値を選択する可能性は低い。

仮説3a：株式時価総額と帳簿価額の差額が大きいほど，公正価値を選択する可能性は高い。

仮説3b：株式時価総額と帳簿価額の差額が大きいほど，IFRS1により再評価された取得原価（historical cost with the IFRS1 option to revaluate）を選択する可能性は高い。

仮説4：経営者が発生高による報告利益の変動を抑えようとするならば，公正価値を選択する可能性は低い。

(c) 検証モデル

検証モデルとして，「多項ロジスティック回帰モデル」が採用されている。

被説明変数：取得原価（0），IFRS1により再評価された取得原価（1），公正価値（2）

説明変数：負債比率，企業規模，時価簿価比率，利益平準化ダミー，CNTダミー，EPRAダミー（European Public Real Estate Associationの会員であれば1，そうでなければ0とするダミー変数），ACT（IFRS強制適用前の賃借料／営業利益）

(d) 実証結果と解釈

分析の結果，仮説1は支持されなかったものの，仮説2～4については，完全には否定できない証拠がいくつか得られており，これらの証拠から，次のように解釈することができる。

(イ) レバレッジは公正価値と取得原価の選択に特に影響を与えないようである。

(ロ) 企業規模がより大きいほど，公正価値を選択しない傾向がある。

(ハ) 時価簿価比率（情報の非対称性を示す代理変数）が高い（低い）と公正価値を選択しない（する）傾向がある。

(ニ) 経営者の（利益平準化による）機会主義的行動は，公正価値選択に影響

を及ぼす可能性がある。

2　Muller, Riedl and Sellhorn [2011] の研究
(1)　背景と目的
　EUでは，2005年事業年度からIFRSの強制適用が始まり，IAS 40によって不動産企業は投資不動産の公正価値のオンバランス化や財務諸表注記での開示が求められるようになった。

　IAS 40の強制適用前には，国内基準では公正価値の開示が要求されていなかったため，ヨーロッパの不動産企業による投資不動産の開示の程度には大きなばらつきがあった。

　そこで，本研究では，IFRSの強制適用によって，事前に公正価値の開示を選択しなかった企業と，すでに自発的に公正価値の開示を選択していた企業とを比較し，情報の非対称性がどの程度緩和したのかを検証する。

(2)　実証内容
(a)　サンプル
　2006年12月15日にヨーロッパの株式市場に上場する不動産業種417社のうち，下記の「サンプル企業選択条件」を満たした178社から，さらに5会計期間における「会計年度選択条件」を満たした431会計年度をサンプルとして採用した。

　(イ)　サンプル企業選択条件
　　(i)　IFRS強制適用年度においてIFRSを適用していること
　　(ii)　投資不動産業を主たる業としていないこと
　　(iii)　子会社ではないこと
　　(iv)　年次報告書が入手できること
　　(v)　IFRS強制適用年度における取得原価と公正価値の選択意思決定情報が入手できること
　　(vi)　IFRS強制適用年度における投資不動産の公正価値情報が入手できること

(ロ) 会計年度選択条件
    (i) 倒産や合併等以前の会計年度であること
    (ii) 分析に必要な財務数値を入手できること
(b) **仮　　　説**

仮説として，次の二つの仮説を設定している。

仮説1：IFRSを強制適用したヨーロッパの不動産企業では，IFRSを事前に任意適用した企業と比較して相対的に情報の非対称性が減少する。

仮説2：IFRSを強制適用し，かつ，投資不動産の公正価値を開示した不動産企業の情報の非対称性は，任意適用していた企業のそれより高い。

(c) **検証モデル**

検証モデルとして，「重回帰分析」と「ロジスティック回帰分析」が採用されている。

(イ) 重回帰分析

被説明変数：ビッドアスクスプレッド

説明変数：株価，売買回転率，年次株価収益率，浮動株比率，アナリスト数，国別年平均ビッドアスクスプレッド，POSTダミー（IFRS強制適用初年度または2年目であれば1，そうでなければ0とするダミー変数），MAND_FVダミー（IFRS強制適応以前に投資不動産の公正価値を財務諸表または注記で開示していなければ1，開示していれば0とするダミー変数）

(ロ) ロジスティック回帰分析

被説明変数：*VOL_FV*ダミー（IFRS強制適応以前に投資不動産の公正価値を財務諸表または注記で開示していれば1，そうでなければ0とするダミー変数）

説明変数：*VOL_IFRS*ダミー（IFRS強制適応以前にIFRSを任意適用していれば1，そうでなければ0とするダミー変数），EPRAダミー，監査法人ダミー，不動産市場価格，海外売上高比率，不動産ポートフォリオの複雑度，投資不動産売上比率，自己資本増加

ダミー，株式発行高比率，株式時価総額，長期・短期合計負債比率，営業キャッシュ・フロー比率

(d) **実証結果と解釈**

分析の結果，仮説 1 については，一定程度，仮説が支持される証拠が得られた。一方，仮説 2 については，他の要因をコントロールしておらず支持されない可能性はあるものの，統計的有意差は観測された。これらの分析によって得られたその他の証拠も含めて，次のように解釈することができる。

(イ) 公正価値情報を強制開示した企業の情報の非対称性が大きく緩和した（可能性がある）ため，資産に関する公正価値情報の強制開示が投資家の情報環境を改善させうる。

(ロ) 投資不動産の公正価値を自発的に開示した企業は，規模が大きい監査法人と契約し，不動産が地理的に集約される傾向があった。

(ハ) 強制開示企業と任意開示企業間にはビットアスクスプレッドに有意な差がある可能性があり，強制適用企業の公正価値情報の信頼性は相対的に低い傾向にある。

3　Nellessen and Zuelch [2011] の研究
(1) 背景と目的

EUでは，IFRSの導入後，不動産企業は自らが所有する投資不動産を取得原価または公正価値で測定することとなった。ひとたび，公正価値を選択適用すれば，毎期，投資不動産を再評価し，公正価値による計上が求められる。

不動産市場において，不動産企業の市場価値には資産の大部分を占める投資不動産の公正価値が反映されているため，正味資産価額は不動産企業の市場価値を推定するのに不可分である。

ところが，不動産企業の市場価値と正味資産価額との差額は，事実，長い間認識されながらも，IFRS適用下の投資不動産会計における公正価値およびその不動産評価手続きについては，検討されてこなかった。そこで，本研究では実際に投資不動産の公正価値が市場でどの程度認識されているのか，すなわち，

不動産企業の市場価値と正味資産価額との差額はどの程度あるのかを検証する。

(2) 実証内容

(a) サンプル

2005年から2007年会計年度におけるヨーロッパの株式市場に上場する不動産企業から，分析に必要なデータをDatastream／Worldscopeおよび手作業から入手できた76社（179会計年度）をサンプル対象としている。

(b) 仮　　説

IFRSを適用し，投資不動産を公正価値で開示したヨーロッパの不動産企業の正味資産価額のばらつきは小さく，また，そのビッドアスクスプレッドも同様に小さい。

(c) 検証モデル

検証モデルとして，「重回帰分析」が利用されている。

被説明変数：正味資産価額（net asset value）のばらつき

説明変数：ビッドアスクスプレッド日次平均，年間日次リターンのばらつき，株式売買回転率，オーナーシップ，長期負債比率，企業規模，月次リターン，INDEXダミー（EPRA等知名度のある団体会員であれば1，そうでなければ0とするダミー変数），INT_EXTダミー（投資不動産ポートフォリオが外部の鑑定人に評価されていれば1，そうでなければ0とするダミー変数）

(d) 実証結果と解釈

分析の結果，仮説について肯定できない証拠が発見され，筆者が最も主張したかった仮説については支持されなかった[3]。ただし，分析によって得られたその他の証拠も含めて，次のように解釈することができる。

(イ) 投資不動産ポートフォリオの正味資産価額から算出された不動産企業の正味資産価額のばらつきは，投資不動産公正価値の信頼性に一定程度の関係もない。

---

3) Nellessen and Zuelch [2011] は1.3未満のt値を有意水準10％で有意と判断しているが，実際のところ統計的に有意ではない。

(ロ) リスクが増加すると，不動産企業の株価ボラティリティも増加する。
(ハ) 機関投資家やインサイダーによる持株比率が高いと，正味資産価額のばらつきは小さくなる。

4　まとめと今後の展望

本節では，IFRS導入に伴い，IAS 40に係る投資不動産の実証研究をいくつか紹介した。彼らは大局的に「公正価値 vs. 取得原価」を一つの構図として，①積極的（消極的）に公正価値情報を開示する企業の特徴と経営者の動機，②投資不動産に係る公正価値情報に対する投資家の評価の二つの視点から研究している。それぞれの分析結果から，公正価値情報が情報の非対称性を緩和させ，投資家の情報環境を改善したとする一方で，公正価値への会計手続選択の中，経営者の機会主義的会計行動を助長するものとして，公正価値全般に対する評価は一様ではないことがわかった。

また，今後期待される研究として，投資不動産に係る経営者の機会主義的行動がどの程度増加（減少）したかについて裁量的会計発生高等を用いた分析など，研究余地も多分に残されている。

【参考文献】

IASB [2003] *International Accounting Standard 40（revised 2003）"Investment Property"*. ……………………………………………… IAS 40（2003年改訂）
IASB [2011] *International Accounting Standard 16（amended 2011）"Property, Plant and Equipment"*. ………………………………………………………… IAS 16
IASB [2011] *International Accounting Standard 40（amended 2011）"Investment Property"*. ……………………………………………………………………… IAS 40
IASB [2011] *International Financial Reporting Standard 13 "Fair Value Measurement"*. ………………………………………………………………………… IFRS 13
IASC [2000] *International Accounting Standard 40 "Investment Property"*. ……… …………………………………………………………………… IAS 40（2000年）

Muller, Karl A. III., Edward J. Riedl. and Thorsten Sellhorn [2011] "Mandatory Fair Value Accounting and Information Asymmetry : Evidence from the European Real Estate Industry." *Management Science*, Vol. 57 No. 1, pp. 1138～1153.

Nellessen, Thomas, and Henning Zuelch [2011] "The reliability of investment property fair values under IFRS." *Journal of Property Investment & Finance*, Vol. 29 No. 1, pp. 59－73.

Quagli, A. and F. Avallone [2010] "Fair Value or Cost Model? Drivers of Choice for IAS 40 in the Real Estate Industry." *European Accounting Review*, Vol. 19 No. 3, pp. 461～493.

企業会計基準委員会［2011］企業会計基準第20号「賃貸等不動産の時価等の開示に関する会計基準」‥‥‥‥‥‥‥‥‥‥‥‥‥‥‥‥‥‥‥‥‥‥‥‥‥‥‥「基準20号」

菊谷正人［2014］「資産会計の論点 ― IFRSにおける資産会計をたたき台にして ― 」『経営志林』第51巻第2号，17～35頁。

中井雄一郎［2009］「IAS第40号『投資不動産』」『会計・監査ジャーナル』No. 648, 41～51頁。

山邉道明・島田謡子［2013］「IFRSにおける適用上の論点　第18回　IAS 40号『投資不動産』の識別及び振替え」『週刊経営財務』No. 3135，25～29頁。

第3章

リース資産会計

I　リース資産の意義・分類

1　リースの意義

　IAS 17（par. 4）は，リースを「貸手が一括払いまたは数次の支払いを得て，契約期間中，資産の使用権を借手に移転する契約」と定義している。ただし，上記のリースの定義に合致しても，以下の取引にはIAS 17は適用されない（IAS 17, par. 1）[1]。

(a)　鉱物，石油，天然ガスおよび類似する非再生資源の探査または利用についてのリース

(b)　映画フィルム，ビデオ録画，演劇脚本，原稿，特許権または著作権等の項目についてのライセンス契約

　また，IAS 17は，一方の契約当事者から他方へ資産の使用権を移転しないサービス契約には適用されない（IAS 17, par. 3）。取引に係る契約書上にリースと記載されていれば，すべて即座にIAS 17が適用されるわけではなく，また

---

[1]　IAS 17は適用範囲から(a)投資不動産（IAS 40），(b)オペレーティング・リースにより貸手が提供する投資不動産（IAS 40），(c)ファイナンス・リースにより借手の保有する生物資産（IAS 41），(d)オペレーティング・リースにより貸手が提供する生物資産（IAS 41）を除く（IAS 17, par. 1）。

逆に，契約書上にリースと記載されていなくても，IAS 17が適用される場合が生じる。すなわち，取引の法的形式如何ではなく，取引の経済的実質，あるいは「忠実な表現」に従って，ある取引に対して，その取引全体の効果や経済的な意図に関する総合的な評価に基づいて，リースと判断される場合にはIAS 17が適用される。また，セール・アンド・リースバックが売却者（借手）の資金調達取引の一種であると判断されれば，そのような取引として会計処理されることが要請される。つまり，実質優先の概念とリースの会計処理とは密接不可分の関係にある。

IAS 17には，最初の「概念フレームワーク」(1989年) が公表される以前より，「契約の形式よりもむしろ取引の実質（the substance of the transaction rather than the form of the contract）によって決まる」(IAS 17 (1982年), par. 5) という「経済的実質優先主義」を示す規定が明示されてきた。

しかしながら，「経済的実質優先主義」は一種の教義（doctrine）であり，また，多様な解釈を生む可能性もあることから，IAS 17に関連させてSIC 27「法的形式はリースであるものを含む取引の実質の評価」(2000年) とIFRIC 4「契約にリースが含まれているか否かの判断」(2004年) を公表することによって，リース取引での「経済的実質優先主義」に係る判断指針の国際的共通化が図られてきた。

SIC 27では，契約のすべての側面・影響を評価し，契約の実質を会計処理に反映させることが求められているが，以下のような事例にはリースに該当しないことが示された（SIC 27, pars. 4〜5）。

(a) 企業（「借手」）が所有に伴い生じるすべてのリスクと経済価値を保持し，契約前と同様の資産の使用権を実質的に有する。
(b) 契約の主たる目的が，資産の使用権の移転ではなく，税務上の恩典を得ることである。
(c) ほぼ確実に行使が見込まれるオプションが契約に含まれ，それが当該契約の基本的前提となっている。

IFRIC 4 (par. 1) は，近年，法的にリースの形式を採らないものの，一括

または数次の支払いと引き換えに，契約期間中資産の使用権を移転する新たな契約（専用機器の使用を含むIT関連のサービス契約）が多数みられることを指摘していた。また，IFRIC 4では，伝統的な形式の契約（テイク・オア・ペイ契約）を対象とした指針も提示されている。具体的には，企業（供給者）が関連するサービスや生産物とともに資産の使用権を他社（取得者）に移転するすべての契約の会計処理が取り扱われている[2]。つまり，特定の資産に関する使用権の借手への移転が認められる部分が判定される際には，その部分についてサービス要素と区別し，リース要素として公正価値で測定することが要請されている（IFRIC 4, par. 13）。

なお，わが国のASBJにより2007年に公表された「基準13号」（28～29項）では，IAS 17と同様に，「経済的実質優先主義」に従った会計処理が求められている。

2　リースの分類

リースの分類は，リース資産の所有に伴うリスクと経済価値に貸手または借手がどの程度係わっているかに基づいて行われる（IAS 17, par. 5）。リース資産の所有に伴うリスクと経済価値が借手に実質的にすべて移転するリース取引は「ファイナンス・リース」（finance lease：以下，FLと略す）として分類される（IAS 17, par. 6）。それ以外のリースは「オペレーティング・リース」（operating lease：以下，OLと略す）として分類される。

この分類は，前述のように，「契約の形式」よりもむしろ「取引の実質」によって決められる（IAS 17, par. 8）。また，IAS 17（par. 10）では，通常，次のような場合に，FLに分類される[3]。

---

[2] 資産使用権の移転に関する例示としては，(i)データ処理機能の外部委託契約等，(ii)電信業界における通信契約，すなわちネットワーク機能の供給業者が当該機能に対する権利を取得者に提供する契約，および(iii)引取保証（take or pay）および類似する契約（IFRIC 4, par. 1）。

[3] 正確に言うと，IAS 17（1997年改訂）においては，以下のパラグラフ（par. 11）が加えられた。

(a) 当該リースにより,リース期間の終了までに借手に資産の所有権が移転される。
(b) 借手が,オプション行使日の公正価値よりも十分に低いと予想される価格で当該資産の購入オプションを与えられ,リース開始日に当該権利の行使が合理的に確実視される。
(c) 所有権が移転しないとしても,リース期間が当該資産の経済耐用年数の大部分を占める。
(d) リース開始日において「最低リース料総額」(minimum lease payments：以下,MLPと略す)の現在価値が,当該リース資産の公正価値と少なくとも実質的に一致する。
(e) リース資産が特殊な性質のものであり,その借手のみが大きな変更なしで使用できる。

したがって,1976年に米国のFASBにより公表されたSFAS 13がリース分類に関して「数値基準」[4]を採用しているのに比較して,IAS 17は一定の指標を示すに止めている点で原則主義の基準と言われる。

一方,わが国の「基準13号」(4項)では,リースを「特定の物件の所有者たる貸手が,当該物件の借手に対し,合意された期間にわたりこれを使用収益する権利を与え,借手は合意された使用料を貸手に支払う取引」と定義しており,IAS 17と特に相違することはない。同様に,リースをFLとOLの二つに区

「次のような状況も,単独であるいは組み合わせにより,リースをFLとして分類する指標となり得る。
(a) 借手が当該リース契約を解約できても,その解約に関連する貸手の損失は借手の負担となる場合
(b) 残存資産の公正価値変動による利得または損失が借手に発生する場合
(c) 借手が,市場のリース料相場より十分に低いリース料で,次期のリース契約を継続できる場合」

[4] SFAS 13(トピック840)では,上記(c)にはリース期間が経済耐用年数の75％以上であること,(d)にはリース開始日におけるMLPの現在価値がリース資産の公正価値の90％以上であること(現在価値基準または投資回収基準),という明確な線引きのある数値基準が示されている。

分している（「基準13号」5項）。FL取引とは，リース契約に基づくリース期間の中途において当該契約を解除することができないリース取引またはこれに準じるリース取引であり，借手が，当該契約に基づき使用する物件からもたらされる経済的利益を実質的に享受することができ，かつ，当該リース物件の使用に伴って生じるコストを実質的に負担することとなるリース取引をいう（「基準13号」5項）。FL以外のリースは，OLに分類される（「基準13号」6項）。この二分類に関しても，「基準13号」とIAS17との相違点はない。

なお，日本基準も「経済的実質優先主義」を明示していることについてはIAS17と相違はなかったが，「基準13号」設定前の「リース取引基準」では，所有権移転外FLに対しては注記開示を条件として「賃貸借処理」を認めていたことから，「経済的実質優先主義」は，実質上，骨抜きとなっていた。また，「基準13号」においては，改正後においても依然としてFLに法的観点を含ませて，(1)「所有権移転FL」（リース物件の所有権が借手に移転するリース）と「所有権移転外FL」（それ以外のリース）とに細分類している点，(2)分類基準として「数値基準」を設定している点（「適用指針16号」8～17項）には，IAS17と平仄を合わせたといっても，相違点が残っていると言わねばならない。

II　リース資産の当初認識・当初測定

1　リース資産・負債の計上

リース契約がFLとして認定された場合，借手は，リース期間開始日に，リース開始日に算定されたリース物件の「公正価値」または「最低リース料総額（MLP）の現在価値」のいずれか低い金額をもって，リース物件を資産，リース債務を負債として貸借対照表に計上しなければならない（IAS17, par. 20）。MLPの計算対象となるリース期間は，通常，契約が示す解約不能期間である。ただし，借手がリースの延長オプションを有する場合で，リース開始日においてオプション行使が合理的に確実視される場合には，その延長期間を加えなければならない（IAS17, par. 4）。

MLPは，借手がリース期間にわたって支払いを要する金額から，「変動リース料」[5]（contingent rent, variable rent），サービス費用，貸手が立替払いし，後日，精算される諸税金を控除し，それに借手または借手の関係者の貸手への残価保証額（guaranteed residual value），およびリース開始日に購入オプションの行使が確実視される場合のオプション価格の現在価値の合計額となる（IAS17, par. 4）。なお，IAS17では，大規模小売業界で店舗リースとして普及している「変動リース料」の会計処理に関する詳しい規定は欠如している。

　「MLPの現在価値」の計算に用いる割引率としては，リース料総額とリース資産の見積残存価額の割引現在価値が貸手によるリース物件の購入価額等と等しくなるような利子率（貸手の計算利子率）を用いる。これが困難な場合には，借手の追加借入利子率を用いる（IAS17, par. 20）。

　MLPとは，リースに関して借手が将来にわたり支払うことが予想されるキャッシュの流列であり，それは借手の支払義務の金額であり，そのMLPの現在価値が当該資産の取得原価の代替値（見積値）として選択される場合には，リース負債額が算定されることによりリース資産が同時に決定されることになる性質を有する。一方，MLPの現在価値との比較によりリース資産の公正価値が取得原価の代替値（見積値）として選択される場合には，リース負債側ではなく，資産側の測定属性が使用されることになる（IAS17, par. 20）。いずれにせよ，リースには，通常，取引対価が直接存在していないことから，原価測定の代替的測定が行われるのがリース会計の特徴の一つと言える。

　また，借手のFLに関係した初期直接原価（initial direct costs）については，資産として認識した金額に加算される（IAS17, par. 24）。手数料，弁護士報酬等の費用は，リース契約の交渉や締結に際して直接かかる増分原価となる

5）「変動リース料」とは，リース料のうち，金額が固定されておらず，時間の経過以外で変化する要因の将来の数量（たとえば，売上高の一定割合，使用量，物価指数，市場金利）に基づく部分をいう（IAS17, par. 4）。「変動リース契約」には種々の形態があり，MLPを意図的に引き下げる目的で設定される場合もある。単に発生金額を費用処理を容認するだけでは問題が生じる。詳しくは，石井［2007a］を参照。

(IAS 17, par. 4)。特定のリースに直接的に識別される場合には，上述のような手続に基づいて資産として認識される金額に加算される。

一方，わが国の「基準13号」（9～10項）では，FLについては，原則として，通常の売買処理に係る方法に準じた会計処理（以下，「売買処理」という）を行う。従来は，所有権移転外FLについては，売買処理を原則としつつも，通常の賃貸借処理に準じた会計処理（以下，「賃貸借処理」という）を行うことを例外的に許容していたが，「基準13号」の設定によりこの例外処理を排除したことから，すべてのFL取引はオンバランス化されることになった。「基準13号」では，借手の当該リースに係るリース資産およびリース債務の貸借対照表計上額は，リース料総額から利息相当額を控除して算定される。利息相当額控除後のリース資産・債務の計上額は，貸手の購入価額等が明らかである場合には，「リース料総額の現在価値」と「貸手の購入価額等」のいずれか低い価額とし，また，貸手の購入価額等が明らかでない場合には，「リース料総額の現在価値」と「借手の見積現金購入額」のいずれか低い価額とする。リース料総額の現在価値の計算に用いる割引率は，貸手の計算利子率とし，これを知り得ない場合には借手の追加借入利子率を用いる（「適用指針16号」17項）。このように，「基準13号」とIAS 17とはほぼ平仄を合わせることになった。

また，IAS 17では特に明示されていないが，「基準13号」では，重要性の乏しいと認められる場合の「例外処理」（定額法による償却等），少額リース資産および短期リースに関する「簡便処理」（賃貸借処理）が容認されている点（「適用指針16号」31～35項）は，明らかにIAS 17と相違していると言える。

2 リース負債・支払リース料の処理

借手は，リース料の支払いが発生する都度，負債として計上したリース債務の減少を記録しなければならない。IAS 17（par. 25）では，支払リース料はリース債務の返済部分と金融費用に区分し，原則として，「利息法」により処理される。また，借手は，「変動リース料」の支払いが発生する場合，発生した期間において費用に計上する。

なお，財務諸表において，リース資産に係るリース債務をリース資産の控除額として表示することは認めていない（IAS 17, par. 15）。
　一方，わが国の「基準13号」（11項）では，FLに関するリース料総額から利息相当額の合理的な見積額を控除する方法により，「利息法」によりリース期間にわたり配分される。リース支払額から区分された利息相当額は金融費用として処理されることから，「基準13号」とIAS 17とに相違点はない。

3　オペレーティング・リースの会計処理

　分類基準によりOLと判定された場合，リース資産およびリース債務は非計上となり，また，他の規則的な方法によりリース資産の便益の時間的パターンがより良く表される場合を除いては，リース料をリース期間にわたり定額法を用いて費用計上する（IAS 17, par. 33）。ただし，貸手がリース契約時に，借手にインセンティブ，たとえば，借手の移転費用，設備造作費用等の貸手側の支払い，リース期間の初期におけるリース料の無料（免除）や割引等が付与される場合には，その調整処理が必要とされる（SIC 15「オペレーティング・リース―インセンティブ」）。
　リース料の支払方式が定額ではない場合でも，OLの期間的な費用処理は，定額法を用いて費用として認識する（IAS 17, par. 34）。
　一方，「基準13号」（15項）では，OLについては，通常の賃貸借取引に係る方法に準じて会計処理を行うので，IAS 17との相違はない。

III　リース資産の再測定（期末評価）

　IAS 17では，リース開始時に，リース資産に関する当初測定として公正価値が使用される場合があるが，それ以降の会計年度末に，改めてリース資産の公正価値を再測定したり，あるいは再調達原価等を測定したりして評価替えすることは，当該資産の減損処理を除いては行われない。リース資産は，あくまで当初測定額を取得原価として「原価配分の原則」に従って計画的・規則的に償

却額が費用として計上される。

Ⅳ　リース資産の費用化（償却）

　リース開始時に計上されたFLのリース資産は，一定の減価償却を行って，計画的かつ規則的に費用化される。自己所有の減価償却資産の減価償却と同一の方針に基づいて，リース資産について減価償却が行われる（IAS 17, par. 28）。リース資産の減価償却の方針は，自己所有資産に関する方針と首尾一貫していなければならない。つまり，減価償却費は，IAS 16「有形固定資産」とIAS 38「無形資産」の規定に従って計算しなければならない（IAS 17, par. 27）。

　リース期間終了時までに，借手への所有権の移転が認められない場合（割安購入オプションがない場合を含む）には，リース期間またはリース資産の経済耐用年数のいずれか短い期間で全額償却しなければならない。減価償却方法として，リース債務の返済とリンクしたリース資産の償却は認められていない（IAS 17, pars. 28～29）。

　なお，「基準13号」では，リース資産の償却については，あくまでリースの細分類に基づく償却手続を規定している。すなわち，所有権移転FL取引に係るリース資産は，自己所有の固定資産に適用する減価償却と同一の方法により算定する一方，所有権移転外FL取引に係るリース資産は，原則として，リース期間を耐用年数とし，残価保証の取決めがある場合を除いて，残存価額はゼロとして算定する（「基準13号」12項）。なお，所有権移転FLの償却方法としては，定額法，級数法，生産高比例法等から企業の実態に応じた方法が選択適用できる。

V　リース資産の減損

　借手が計上するリース資産，すなわちFL資産に関しては，リース期間中ではIAS 36「資産の減損」が適用されることから，期末において減損の認識対象となる。リース資産の減損の判定については，IAS 36が適用され，有形固定資産および無形資産のリースに係る減損の会計処理はすべてIAS 36の規定に従って行われる（IAS 17, par. 30）。したがって，減損損失の計上後に生じた「減損損失の戻入れ」に関しては，有形固定資産等に係る処理と同様に，リース資産について過年度において認識された減損損失がなかったとした場合の（償却控除後の）帳簿価額を超えない範囲で行われる。

　一方，この減損損失の戻入処理に関して，日本基準では，米国基準と同様の考え方から，「減損損失の戻入れ」は禁止されている（「減損会計基準」三・2）。

VI　リース資産の処分（認識の中止）

　リース契約の締結時に，リース期間中や満了時で所有権の借手への移転，あるいは割安購入オプションの付与が設定されることがあり，その場合，FLとして分類され，借手の資産に計上される。その場合であっても，借手はリース期間中では使用権を保有するのみであり，リース資産の所有権は貸手に帰属しているため，リース資産の処分権は所有者である貸手に所有されている。リース期間中では，不要となったリース資産を返還することをもって使用資産を借手は処分することになり，その際，契約が解約不能であれば，借手に損害金（penalty）の支払いが生じるかもしれない。リース資産を返還せずに，それを除却し放置しても，規定のリース料の支払いを継続する義務を有することになる。

　通常，リース期間終了時，リース資産を借手が貸手に返還する場合には，特に会計処理は生じない。ただし，リース契約に残価保証の取決めがある場合に

は，これに係る金銭の授受が生じて会計処理を必要とするだろう。一般的に，借手は，リース金利の負担などを考えて，リース満了時の資産の処分価値を考慮するかもしれない。たとえば，リース資産の残価保証を借手が契約上行っている場合には，一定の処分価値を想定して，損失が生じた場合の負担（あるいは，余剰金が生じた場合の取り分）に関して規定する必要性があり，また，会計処理も生じる。

IAS 17では残価保証がある場合の会計処理について特に触れていないが，米国のSFAS 13がその会計処理を補完的に規定している[6]。

一方，日本基準では，リース期間終了，再リースおよび中途解約時点での処理については，詳細な手続きが設けられている（「適用指針16号」29～30項）。

Ⅶ　セール・アンド・リースバック取引

リースは，金融手段および租税の回避手段としてよく利用されてきた。第2次世界大戦前より，米国ではチェーン・ストアの店舗拡大の手段として，セール・アンド・リースバックが活発に利用された。これを契機として，米国の最初の会計基準書『会計調査公報』の第38号「リース賃借人の財務諸表における長期リースの開示」が1949年10月に公表され，セール・アンド・リースバック取引が全体として単一の特殊な金融取引である可能性が高いことが指摘された（ARB 38, pars. 1～2）。

IAS 17（par. 58）は，セール・アンド・リースバック取引を「売手による資産の売却と，その同一資産を当該売手にリース戻しすること」と定義している。リース料と売却価格は一括して交渉されるため，両者は相互に関連する。

このセール・アンド・リースバック取引は，「売買契約」および「リース契約」という二つの契約から成立しているが，購入者＝貸手（多くの場合，金融

---

[6] 米国基準では，トピック840（SFAS 13および米国解釈指針第19号）にリース資産の残価保証に関連する会計処理が規定されている。詳しくは，石井明［2007b］を参照。

機関のアレンジ），売却者＝借手であり，ほぼ同時に二つの経済行為が行われることから，全体として単一の「担保付長期借入」という性格付けが広く行われきた。そのため，この取引が，今日に至るまで，税務上や会計上の論争を生み出してきた。「売却取引」と「リース取引」とは法的には別個のものであるが，それが同時に同一の当事者間で仕組まれる場合，スキーム全体としては当事者間の資金取引の経済的性格を帯びて，独特の会計問題を提起することになる。

　この取引の会計処理は，リースがFLと分類されるかOLと分類されるかによって相違する（IAS 17, par. 58）。

　セール・アンド・リースバック取引がFLになる場合，資産の売却価額が帳簿価額を超える額は，売手・借手の財務諸表上で直ちに収益として認識してはならない。それは繰り延べられ，リース期間にわたって配分されなければならない（IAS 17, par. 59）。

　セール・アンド・リースバック取引がOLに分類され，かつ，当該売却価額が公正価値に基づいている場合，取引日の会計年度に売却損益を認識しなければならない。売却損が発生し，その後のリース料を市場価格以下とすることにより当該損失が補償されるのであれば，当該損失は繰り延べられ，資産の使用が予測される期間にわたって，リース料に比例して償却されなければならない。一方，当該売却価額が公正価値以下である場合には，公正価値を超える額は繰り延べられ，資産の予想使用期間にわたって配分されなければならない（IAS 17, par. 61）。

　セール・アンド・リースバック取引がOLに分類され，かつ，その資産の公正価値が資産の帳簿価額より低い場合には，帳簿価額と公正価値の差額に等しい損失を直ちに認識しなければならない（IAS 17, par. 63）。

　日本基準では，セール・アンド・リースバック取引の定義や取扱いについては，詳細な手続きが設けられている（「適用指針16号」48〜50項）。その規定内容は，IAS 17と全く同様であると考えられる。

Ⅷ　リース資産会計基準に関する最新の動向

1　IASB/FASB共同プロジェクト

　リース基準の改訂に関しては，かつてG4＋1（英・米などのアングロサクソン諸国＋IASC）作業グループが特別報告書「リース会計：新たなアプローチ，リース契約の下で生じる資産および負債に関するレシーの認識」（1996年）およびG4＋1討議資料「リース：新しいアプローチの実施」（2000年）を公表した。これらの討議資料は，アングロサクソン諸国間での共通的な概念フレームワークを基礎として，IAS 17，米国のSFAS 13（トピック840）等の会計モデル（2モデル）の欠陥によりオフバランスとなっている実質FLのOLをリース開始時から資本化することにより，会計情報の透明性，目的適合性および表現の忠実性を高める新基準を開発することにあった[7]。

　さらに，IASBとFASBは2006年より共同でリース・プロジェクトの審議を開始し，議論を重ね，主に借手の単一の会計モデル「使用権モデル」（right-of-use model）を取り扱う基準を2009年3月に討議資料（DP）「リース：予備的考察」として公表した。貸手に関する会計モデルを含めた公開草案「リース」（以下，「2010年ED」という）が2010年8月に公表され，「2010年ED」は，多数の反対意見をも受領し，アウトリーチでの議論を踏まえて，2013年5月16日に，IASB/FASBにより再公開草案「リース」（以下，「2013年ED」という）が公表された。

7）　現行リース基準，IAS 17および米国トピック840の会計モデルに対して，IASB/FASBの共同プロジェクトは，三つの問題点，すなわち(a)多くの財務諸表利用者は，企業のOLの資本化および損益への影響を推定しているが，注記情報だけでは十分な修正を施しえないこと，(b)二つの会計モデルの存在は，類似する取引が異なって会計処理され得ることに繋がり，その結果，財務諸表の比較可能性を毀損すること，および(c)現行基準は，企業が取引をストラクチャーする機会を提供していることを指摘している。

2　再公開草案の検討

　「2013年ED」では，「2010年ED」と同様に，「使用権モデル」が提案された。しかし，「2010年ED」が単一モデルの提案であったのに対して，「2013年ED」では，新たなリース分類基準が設定され，「タイプA」（原則として，非不動産）と「タイプB」（原則として，不動産）に分類する2モデルが提案されている。この分類が提案された理由には，「2010年ED」が決定すると，すべてのリース契約が「使用権資産」と「リース負債」として認識され，また，すべてのリース料総額に実効金利法が用いられて利息費用を認識することになるので，均等額で処理されてきたOLのリース費用と比較して，リース初期段階により多くの費用が計上される「経済的影響」が予想されることにあり，あくまで均等額の費用計上パターンを残すことにあったと想定される。

　ここでは，紙幅の都合上，「2013年ED」の特徴点を簡潔に指摘し，提案された2モデルの会計処理の要点のみを解説する。

　リースの定義は，「資産（原資産）を使用する権利が，一定期間にわたり，対価と交換に移転される契約」（「2013年ED」par. 6）とされ，「2010年ED」と特に異なることはない。また，契約がリース契約という法的形式をとっているかではなくて，契約内容の分析や経済的実質を判断して，この定義に該当するかを判断する点は従来と同じである。ただし，「2013年ED」（par. 7）では，①契約の履行は特定の資産の使用に依拠するか否か，②当該契約は対価との交換により一定期間にわたって特定の資産の使用を支配する権利を移転させるか否かを判断の指標とすることが明示されている。

　次に，「2013年ED」では，適用単位に関する規定が追加された。一つの契約にリースの要素とリース以外の要素が含まれる場合には，原則として両者を区分して把握される。また，一つの契約の中に複数の原資産が含まれる場合について，これをリースの要素ごとに区分するかどうかは，IASB/FASB共同プロジェクトで開発中の収益認識の基準における複数の履行義務を認識するかどうかの判断と同じ基準で判断される。したがって，土地建物一体のリース契約であった場合，土地と建物の各々のリースとして区分処理しない場合も想定され

る。

　「2013年ED」(par. 28) では，リースを基本的に「タイプA」か「タイプB」のリースに分類しなければならない(「2010年ED」で容認された「短期リース」の分類は引き続き踏襲される)。リース開始時に，原資産が不動産でない(機械設備等の償却性資産)リースを「タイプAリース」に分類し，原資産が不動産であるリースを「タイプBリース」に分類する(「2013年ED」pars. 29〜30)。一定の要件[8]を満たす場合，原資産が不動産であるリースであっても，「タイプAリース」に分類される。

　「タイプA」か「タイプB」のリースであっても，借手は，リース開始時に，「使用権資産」と「リース負債」を認識する(「2013年ED」pars. 37〜38)。リース負債として計算対象となるリース期間は，リースの解約不能期間に，以下の期間を両方とも加えた期間として決定する(「2013年ED」par. 25)。

(a) 借手が延長オプションを行使する重要な経済的インセンティブを有する場合には，そのオプションの行使により延長される期間

(b) 借手が解約オプションを行使する重要な経済的インセンティブを有する場合には，そのオプションの行使しないことにより延長される期間

　借手は，リース開始時に，リース延長オプションを行使する，またはリース解約オプションを行使しないかの重大な経済的インセンティブを有しているか否かを評価する際に，契約，資産および市場等に起因する要因ならびに借手特有の要因などの経済的実態を総合的に考慮する必要がある(「2013年ED」par. 26)。

　リース負債は，将来支払うリース料を貸手が借手に課す利子率(計算利子率)か，それが入手できない場合には，借手の追加借入利子率で割り引いた現在価値で測定される(「2013年ED」par. 38)。

　一方，リース開始時の使用権資産の原価は，①リース負債，②貸手から受け

---

[8] 一定の要件とは，(a)リース期間が原資産の残存する耐用年数とほとんど同じである，(b)リース支払額の現在価値が開始日での原資産の公正価値と実質上同じである，のいずれかに該当することである。

取るあらゆるリース・インセンティブ（lease incentives）を控除した，リース開始日およびそれより前に行ったすべてのリース料の支払い，③あらゆる初期直接原価の合計となる（「2013年ED」pars. 40 and B 10）。

再測定時には，リース負債に係る割引の振戻し（unwinding of the discount on the lease liability）およびその会計期間に支払ったリース料を反映するために，まず，リース負債の帳簿価額を実効金利法を用いて調整する（「2013年ED」par. 41）。一方，使用権資産については，その原価相当額から償却累計額を控除した額で測定する。なお，減損処理が適用される場合には，さらに減損損失累計額を控除した額で繰越額を測定することになる。

「タイプAリース」について，借手は，リース負債に係る割引の振戻し（利息費用となる）と使用権資産の償却費をそれぞれ費用として計上する。利息費用は，リース負債の残高い割引率を乗じて算定されるために，その額はリース開始当初が最も大きく，リース負債の残高が減少するにつれて小さくなる。一方，使用権資産の償却は原則として定額法で行われる。このため，リースに係る費用計上額（利息費用＋償却費）は逓減する。

「タイプBリース」では，借手は，毎期定額となる単一のリース費用を純損益に計上する。単一のリース費用は，リース負債に係る割引の振戻しと使用権資産の償却費を足し合わせたものである。リース負債に係る割引の振戻しは「タイプA」と同じ方法で算定されるが，使用権資産の償却費は，リース費用を定額にするための逆算の結果として算定される。すなわち，その期のリース費用とその期のリース負債に係る割引の振戻しの差額について，使用権資産の帳簿価額を毎期減額していく。

再測定として，「2013年ED」（「2010年ED」もほぼ同様）では，リース負債の再評価（reassessment）を行い，リース契約に係るリース期間の変更やその他の要因の変化（オプションの行使の可能性，割引率の変更等）が起きた場合には，リース負債の再評価を行ってその時点の当該残額との差額は当期損益に計上される（「2013年ED」pars. 43～46）。

このように、「2013年ED」は、「2010年ED」に対して提起された論点、たとえば、新リース会計基準の適用範囲の曖昧性や実質購入リースの除外、財務諸表にすべてのリースをオンバランスする際のリース初期段階での費用への加重負担、変動リース料をオンバランスする会計の課題、リース期間の決定問題あるいは不確実な期間を対象期間として算入する不合理性、リース要素に含まれる要素の分別に対する指針の必要性等について相当程度の対応を図っている。一方、新たに2モデル（不動産を中心概念とする「タイプA」・「タイプB」のリース）によるリース会計処理の相違や実務の複雑性、システム構築の困難性やコスト負担に対する作成者側の不満が依然として残存しているとみられる。

　そして、2014年3月に開かれたIASBとFASBとの共同審議会会議において、リース基準案に対する暫定決定がなされた。両審議会とも「2013年ED」に基づくものの、IASBが「タイプA」のみを用いる1モデルを採用する一方、FASBが「タイプA」・「タイプB」の2モデルを用いるという暫定決定に至り、IASBとFASBはそれぞれ異なる結論を出すに至ったのである。このような分裂事態は、実のところ、「ノーウォーク合意」に基づいてIASBとFASBが2005年6月に初めて共同公表した「IASB・FASBの企業結合に係る公開草案」（すなわち「IFRS 3改訂草案」）において生じている。両審議会は、「経済的単一体説」（economic unit concept）と合致する会計処理基準を提案し、「全部のれん」（full goodwill）に基づく会計処理案を要求していたところ、最終的には、IASBとFASBはそれぞれ異なる結論を出した[9]。

　ただし、筆者の得ている種々の情報に基づくと、このリースの共同プロジェクトに関しては、FASBが米国等の実業界のプレッシャーに押されて2モデルの結論を出したのに対して、IASBはたとえば国際的な資本市場諮問委員会

9）　FASBは2007年12月に改訂SFAS 141を公表し、「全部のれん計上処理」を採用したのに対し、IASBは2008年1月にIFRS 3（2008年改訂）を公表し、のれんの会計処理として「全部のれん計上処理」と「買入のれん計上処理」の選択適用を採用した（IFRS 3（2008年改訂），par. 19）。複数国の代表から構成されているIASBでは、複数の意見が出されるため、一挙に「全部のれん計上処理」のみの採用には届かなかった。ここにIASBの限界があるとも言える（菊谷［2011］25頁）。

(Capital Market Advisory Committee)[10]などの財務アナリストからの意見を尊重して,比較可能性を貫徹させる観点から「タイプAリース」のみ（1モデル）の会計モデルの採用を決定させたと想定される。この基準の差異の影響は,あくまで損益計算書へのリース費用計上額の差異に限定され,貸借対照表上のオンバランス金額には影響が及ばない点で,限定的な差異であると言えるかもしれない。

Ⅸ　リース資産に関する実証研究

わが国では,主に所有権移転外FLのオンバランス効果を巡って,米国ではOLのオンバランス効果を巡って実証研究の成果が発表され,IASBとFASBが共同で公表した「2010年ED」におけるリース資産の償却方法に関わる実証研究も行われている。

1　わが国におけるリース会計に関する実証研究

松浦（[2002] 62～66頁）において,2001年と2002年の2期間について次の要件を満たす企業が選択・抽出された。日経業種分類によると小売業に属し,2002年3月末時点で上場・店頭登録企業であり,決算期が2月または3月の企業で,1999年以降の個別決算数値を入手可能である。財務コスト説明要因（レバレッジ,留保利益率,インタレストカバレッジ,売上高利益率,売上高変動率,企業規模,ストック・オプション利用,適用税率）に着目し,トービット分析を行い,所有権移転外FL利用の決定要因が検証された。回帰分析の結果,レバレッジ（＝有利子負債／株主資本）は,両年度ともに決算月に関わりなく,所有権移転外FLの利用に対し,有意な影響を与えると推計された。

胡（[2007] 119～123頁）では,次の要件を満たす企業をサンプルとして,リース会計基準の改訂に伴う所有権移転外FLのオンバランス化が財務比率（負

---

[10] Capital Market Advisory Committee [2013] *Formal Recommendation regarding Lessee Accounting from Capital Market Advisory Committee* 参照。

債比率，総資産利益率）に及ぼす影響が検討された。日経Financial Questに収録され，決算期が3月の上場企業であり，2005年3月期の個別・連結財務諸表が入手可能な銀行・保険・証券以外の事業会社で，債務超過企業，当期純損失計上企業ではない。t検定とウィルコクソン検定の結果，所有権移転外FLのオンバランス化後，(1)負債比率は統計的に有意に増加したこと，(2)大会社よりも中小会社の方が負債比率の増加は顕著であること，(3)総資産利益率は統計的に有意に低下したこと，(4)大会社より中小会社の方が総資産利益率の低下は顕著であること，が明らかとなった。

草野・佐久間・角ヶ谷（[2010] 20～21頁）では，①所有権移転外FL取引を賃貸借処理するか売買処理するかによって，D/E（負債比率）またはROAに有意な差が生じるか，②OL取引を賃貸借処理するか，売買処理するかによってD/EまたはROAに有意な差が生じるか，③ニュー・アプローチ（原価主義モデル）により算定したD/EまたはROAとニュー・アプローチ（公正価値モデル）により算定したD/EまたはROAの間に有意な差はあるか，が検証された。証券・銀行・保険・その他金融業に属していない3月決算の上場企業で，分析年度中に決算期の変更を行っておらず，必要なデータを入手可能な企業（2001年から2008年）がサンプルとされた。検証の結果，仮説は支持され，所有権移転外FL取引，OL取引のオンバランス効果が確認された。

2 米国におけるリース会計に関する実証研究

米国では，FASBが1976年にSFAS 13を公表し，「リスク・便益アプローチ」に従いリース取引をFLとOLに分類すると規定した。レッシーはリース期間，最低リース料の割引現在価値などに関する「数値基準」を超えないように調整することで，FLと実質的には等しい取引をOLに分類し，オフバランスシート・ファイナンスが蔓延した。アナリストは「概算的問題発見方法」（'rules of thumb' heuristics）を用いてOLの資本化計算を行い，Imhoff, Lipe and Wright（以下，ILWという）は注記情報を活用し，OLのより厳密な「推

定資本化」[11]（constructive capitalization）を試みた（Imhoff, Lipe and Wright [1991, 1993, 1995, 1997]）。リースに関するほとんどの実証研究は，OLとFLを対立軸とした借手側の問題に焦点をあてて行われてきた（Lipe [2001], p.299）。以下では，リース取引の開示，貸借対照表における認識および費用配分の有用性を分析した実証研究をレビューする。

(1) リース取引に関する注記情報の有用性の検証

Imhoff, Lipe and Wright（[1993], p.349）は，リース契約依存度が高い卸小売業（40社），航空業（25社）をサンプルとして選択し，以下のモデルによってリスク評価におけるオフバランスのリースの重要性を評価した。

$$\overline{ln(\sigma)}_{it} = a + b \overline{D/A} + c \overline{\delta D/A}_{ADJit} + \varepsilon_{it} \quad \cdots\cdots\cdots (1)$$

$\overline{ln(\sigma)}_{it}$：企業 i の t 期決算日周辺における株式リターンの標準偏差の対数平均

$\overline{D/A}$：総資産に対する総負債の平均比率

$\overline{\delta D/A}_{ADJ}$：ILW法またはHeuristics法による総資産に対する総負債の修正平均率

上記(1)式における係数 c は，OL資本化修正後の総資産に対する総負債の比率が，報告数値に基づくレバレッジよりも追加的説明力を有するか否かを示し，その期待符号は正である。検証の結果，航空業（25社）および卸小売業（40社）の係数 c はそれぞれ2.92，1.94で，航空業と卸小売業の決定係数R^2はそれぞれ40.5％，23.7％で，リース取引に関する注記情報基づくOLの推計的資本化の有用性が示唆された。

Ely（[2005], pp.400〜407）は，製造業，卸売業，小売業，化学工業，機械工業に属し，1983年から1987年にかけてニューヨーク証券取引所またはアメリカン証券取引所に上場していた企業314社を対象に，以下のモデルを検証した。

---

[11] 「推定資本化」とは，注記情報を活用して，FLと同様にOLをオンバランス化させることを指す。推定が困難な場合，アナリスト等は5〜8倍の適当な乗数（multiple）を使って，リース資産およびリース負債を簡便に推定計算する。

$$\sigma_s = \left(1 + (1-\tau)\frac{D}{S}\right)\sigma_A \quad \cdots\cdots\cdots\cdots\cdots\cdots\cdots\cdots\cdots\cdots\cdots (2)$$

$$\sigma_{sj} = s_0 + s_1 \sigma_{Aj} + s_2 \frac{D_j^{\text{Rep}}}{S_j}\sigma_{Aj} + s_3 \frac{PVOL_j}{S_j}\sigma_{Aj} + \mu_j \quad \cdots\cdots\cdots\cdots (3)$$

σ_{sj}：1983年1月から1987年12月までの月次株式リターンの標準偏差

σ_{Aj}：ROAの標準偏差, τ：限界税率

$\dfrac{D_j}{S_j}$：株主持分（stockholders' equity）の時価に対する負債の比率

D：1987年の総負債の簿価

S：1987年12月31日現在の株主資本の時価

$PVOL$：1987年のアニュアル・レポートで報告された将来の最低リース料支払額の現在価値であり，リース期間を25年，利率を10％と仮定する。

表3-1 注記情報に基づくOL資本化が負債比率に与える影響

	s_0	s_1	s_2	s_3	R^2
	.083	.328	.084	.353	.394
t値	(40.46)	(5.70)	(5.72)	(2.38)	

（出所） Ely [2005], p.407.

(2) リース資産の償却方法に関する実証研究

Jennings and Marques [2013] では，1998年から2008年にかけてCompustat databaseに収録され，変数が入手可能で，500事業年度を確保できる業種に属し，総資産に対する将来のリース料の平均比率が0.05に達する最終サンプル34,707事業年度（19業種）が抽出された。リース開始後，リース資産の価値はリース負債の価値よりも早期に下落するとみなし，次の式によりリース負債に対するリース資産の平均比率（ALR）を算定する。

$$ALR = \frac{\dfrac{1-(1+r)^{-N}}{r}\left(\dfrac{Rem}{N}\right)}{\dfrac{1-(1+r)^{-Rem}}{r}} \quad \cdots\cdots\cdots\cdots\cdots\cdots\cdots\cdots (4)$$

Nは，将来キャッシュ・フローが得られる年数で，$N = 5 + (Pmt_T/Pmt_{t+5})$（小数第1位切り上げ，$Pmt$は最低リース料支払額，$T$は5年超の全期間）に

より計算される。Remは残存リース年数を表し、$N/2$で求められる（Jennings and Marques [2013]，p.63）。rは借手の追加借入率を指す。定額法償却により貸借対照表に追加計上されるリース資産の額は、$LA\_SL = LL \times ALR$により算定される。

1株当たりの普通株式の期末価格（Price）を従属変数とし、貸借対照表の項目を説明変数とする下記の回帰式が検証される（Jennings and Marques [2013]，p.61）。

$$Price = \gamma_0 + \gamma_1(A + LA\_SL + LDTA) + \gamma_2(L + LL) + \gamma_3 LA\_Adj + \varepsilon \quad\cdots\cdots (5)$$

上記において、Aはオンバランスの資産額、LA_SLは定額法に基づくオフバランスのリース資産額、$LDTA$は繰延税金資産、Lはオンバランスの負債額、LLはオフバランスのリース負債額、LA_PV（$=LL$）は現在価値償却に基づくオフバランスのリース資産額、LA_Adj（$=LA\_PV-(LA\_SL+LDTA)$）はリース資産の修正額を指す。

リース資産とリース負債の価値の相違を認めることは、純利益と繰延税金に影響する。税務上のOL費用はリース支払額を指すが、会計上の費用は支払額のうちの利息費用とリース資産の当期償却費の合計額を意味する。会計上のOL費用の計上は税務上のOL費用よりも早期となり、繰延税金［$LDTA = (LL - LA\_SL) \times$税率（$T$）］が生じる。

資産にかかる係数γ_1の符号は正、負債にかかる係数γ_2の符号は負であり、理論値は1である。最も注目すべき係数はリース資産修正（LA_Adj）の係数γ_3である。投資家がリース資産を正味現在価値がゼロの投資とみなし、定額法により評価していれば、γ_3はゼロとなる。投資家がリース資産を正味現在価値をゼロの投資とみなし、現在価値償却に基づきリース資産を評価していれば、γ_3は1と等しくなる。投資家がリース資産を正味現在価値が正の投資であるとみなしていれば、いずれの方法によってもγ_3は1より大きくなると予測する。

表3-2のとおり、資産と負債の係数はそれぞれ0.96（t＝17.92），-0.87

（t＝－15.24）で符号は期待のとおりであり，いずれも有意である。リース資産修正（LA_Adj）の係数γ_3は2.16（t＝3.45）で，0（p値＝0.003，片側），1（t＝1.86，p値＝0.046，片側）より有意に大きく，投資家がリース資産を正味現在価値が正の投資であるとみなしていると推計された。

表3－2 定額法を適用したOLの推計的資本化による貸借対照表項目の回帰

	Intercept	Assets	Liabilities	Asset_Adj.	R^2
Avg.Coeff.	8	0.96	－0.87	2.16	
t-statistic	(14.01)	(17.92)	(－15.24)	(3.45)	0.35

（出所）Jennings and Marques [2013], p.64.

【参考文献】

American Institute of Certified Public Accountants, Committee on Accounting Procedure [1949], *Accounting Research Bulletin No. 38*, "Disclosure of Long-Term Leases in Financial Statements of Lessees. ･････････････････････ARB 38

Alexander, David, Anne Britton, and Ann Jorissen [2009], *International Financial Reporting and Analysis*, Cengage Learning EMEA.

Capital Market Advisory Committee [2013] *Formal Recommendation regarding Lessee Accounting from Capital Market Advisory Committee.*

Ely, K. M. [1995] "Operating Lease Accounting and the Market's Assessment of Equity Risk," *Journal of Accounting Research*, Vol. 33 No. 2, pp. 397～415.

FASB [1976] *Statement of Financial Accounting Standards No. 13 "Accounting for Leases".*･･SFAS 13

FASB [2001] *Statement of Financial Accounting Standards No. 141 "Business Combinations".*･･･SFAS 141

FASB [2010] *Exposure Draft, Proposed Accounting Standards Update, Leases（Topic 840）.*

IASB [2004] *International Financial Reporting Interpretations Committee 4 "Determining whether an Arrangement contains a Lease".*･･････････････ FRIC 4

IASB [2005], *Exposure Draft of Proposed Amendments to IFRS 3 Business Combinations.*･･･IFRS 3改訂草案

IASB [2008], *International Financial Reporting Standard 3 (revised 2008) "Business Combinations".* IFRS 3
IASB [2010], *International Financial Reporting Standard 17 (revised 2010) "Leases".* IAS 17（2010年改訂）
IASB [2010] *Exposure Draft "Leases".* 2010年ED
IASB [2013] *Exposure Draft "Leases".* 2013年ED
IASB [2013], *International Financial Reporting Standard 17 (revised 2013) "Leases".* IAS 17
IASC [1982], *International Accounting Standard 17 "Leases".* IAS 17（1982年）
IASC [1997], *International Accounting Standard 17 (1997 revised) "Leases".* IAS 17（1997年改訂）
IASC [1999] *Standards Interpretations Committee 15 "Operating Leases — Incentives".* SIC 15
IASC [2000] *Standards Interpretations Committee 27 "Evaluating the Substance of Transactions Involving the Legal Form of a Lease".* SIC 27
IASC [2000], *International Accounting Standards Explained,* Wiley.
Imhoff, E. A., R.C. Lipe and D. W. Wright [1991] "Operating Leases : Impact of Constructive Capitalization," *Accounting Horizons,* Vol. 5 No. 1, pp. 51〜63.
Imhoff, E.A., R.C.Lipe and D. W. Wright [1993] "The Effects of Recognition Versus Disclosure on Shareholder Risk and Executive Compensation," *Journal of Accounting, Auditing and Finance,* Vol. 8 No. 4, pp. 335〜368.
Imhoff, E.A., R.C.Lipe and D.W.Wright [1995] "Is Footnote Disclosure an Adequate Alternative to Financial Statement Recognition?" *Journal of Financial Statements Analysis,* Vol. 1 No. 1, pp. 70〜81.
Imhoff, E. A., R.C. Lipe and D.W.Wright [1997] "Operating Leases : Income Effects of Constructive Capitalization," *Accounting Horizons,* Vol. 11 No. 2, pp. 12〜32.
Jennings, Ross and Ana Marques [2013] "Amortized Cost for Operating Lease Assets," *Accounting Horizons,* Vol. 27 No. 1, pp. 51〜74.
Lipe, R.C. [2001] "Lease Accounting Research and the G 4 + 1 Proposal," *Accounting Horizons,* Vol. 15 No. 3, pp. 299〜310.
Nobes, Christopher and Robert Parker [2008], *Comparative International Accounting Tenth Edition,* Prentice Hall.
Securities and Exchange Commission [2005], Report and Recommendations Pursuant to Section 401(c)of the Sarbanes-Oxley Act of 2002 On Arrangements with Off-Balance Sheet Implications, Special Purpose Entities, and Transparency of Filings by Issuers.

石井明［2007a］「リース会計における公正価値導入理論」『會計』第171巻第5号，97～110頁。
石井明［2007b］「リース会計における残価保証の測定論」『上武大学ビジネス情報学部紀要』第6巻第1号，51～83頁。
石井明［2010］「FASB/IASB公開草案『リース』の考察(1)— レシーの使用権会計モデルに焦点をあてて」『上武大学ビジネス情報学部紀要』第9巻第2号，53～81頁。
石井明［2011a］「FASB/IASB公開草案『リース』の考察(2)— レシーの使用権会計モデルに焦点をあてて」『上武大学ビジネス情報学部紀要』第10巻第2号，33～62頁。
石井明［2011b］「FASB/IASB公開草案『リース』の考察— レシーの使用権会計モデルに焦点をあてて」『国際会計研究学会』2010年度臨時増刊号，23～40頁。
加藤久明［2007］「リース会計基準の新旧比較」『立命館経営学』第46巻第4号，95～115頁。
企業会計基準委員会［2007a］企業会計基準第13号「リース取引に関する会計基準」‥‥‥‥‥‥‥‥‥‥‥‥‥‥‥‥‥‥‥‥‥‥‥‥‥‥‥‥‥「基準13号」
企業会計基準委員会［2007b］企業会計基準適用指針第16号「リース取引に関する会計基準の適用指針」‥‥‥‥‥‥‥‥‥‥‥‥‥‥‥‥‥‥‥「適用指針16号」
企業会計審議会［1993］「リース取引に係る会計基準」‥‥‥‥‥‥「リース取引基準」
企業会計審議会［2002］「固定資産の減損に係る会計基準」‥‥‥‥‥「減損会計基準」
菊谷正人［2011］「IASC・IASBの変遷の歴史とIAS・IFRSの特徴」『経営志林』第47巻第4号，17～31頁。
草野真樹・佐久間義浩・角ヶ谷典幸［2010］「リース会計の方向性と3つのオンバランス効果」『京都大学大学院経済学研究科working paper』第82号，1～50頁。
佐藤信彦・角ヶ谷典幸（編）［2009］『リース会計基準の論理』税務経理協会。
日本公認会計士協会［1994］「リース取引の会計処理及び開示に関する実務指針」。
胡丹［2007］「リース会計基準の変更による企業業績に及ぼす影響」『會計』第171巻第5号，111～125頁。
松浦良行［2002］「リース活動の決定要因とリースの負債性— わが国の小売業におけるリース取引の実態解明— 」『産業経理』第62巻第3号，58～69頁。

第4章

棚卸資産会計

I 棚卸資産の意義・範囲

　棚卸資産（inventories）とは，(a)通常の事業の過程（the ordinary course of business）において販売を目的として所有されるもの，(b)そのような販売を目的とする生産の過程（the process of production）にあるもの，(c)生産過程または役務の提供に当たって消費される原材料または貯蔵品とされる（IAS 2, par. 6）。サービス業の場合，関連する収益を企業が未だ認識していない役務提供の原価も棚卸資産に含まれる（IAS 2, par. 8）。IAS 2は，請負工事契約，金融商品，生物資産・農作物を除くすべての棚卸資産に適用されるが，農作物等およびコモディ・ブローカー／トレーダーの棚卸資産の測定には適用されない（IAS 2, pars. 2～3）。

　日本基準では，上記IAS 2の適用範囲に加えて販売費及び一般管理活動において短期的に消費される事務用消耗品等が含まれている（「基準9号」3項）。わが国の「連続意見書第四」（第一・七）では，「事務用消耗品，荷造用品は販売の対象たる製品に化体しないが，短期的費用財の性格をもつから棚卸資産である」と規定しているが，IAS 2ではそれらを棚卸資産とする明文規定は存在せず，棚卸資産の範囲に差異が生じている[1]。

---

　1)　「基準9号」（28～30項）においても，「連続意見書第四」を踏襲している。

IAS2 (par. 6 (c)) では，棚卸資産の範囲を「生産過程または役務の提供に当たって消費される原材料または貯蔵品」としていることから，事務用消耗品や荷造用品はそれに該当しないことになる[2]。なお，トレーディング目的の棚卸資産の測定については，売買目的有価証券の取扱いに準じるとされる（「基準9号」15～16項）。

すなわち，棚卸資産とは，正常な事業活動において販売目的または消費目的で所有されている「事業用資産」であり，かつ，原則として短期的に所有される「流動資産」であり，棚卸を通してその有高が確定される「費用性資産」である（菊谷［1997］353頁）。

Ⅱ　棚卸資産の当初認識・当初測定

1　棚卸資産の当初認識

IAS2では，棚卸資産の当初認識に関する規定は設けられていないが，前述の「概念FW」を援用すれば，棚卸資産の当初認識は(a)将来の経済的便益の流入可能性が高いこと，(b)信頼性をもって測定できる原価または価値を有していることを満たすことが条件となる。

2　棚卸資産の当初測定
(1)　購入の場合における当初測定

棚卸資産の取得原価には，購入原価（cost of purchase）および棚卸資産が現在の場所および状態（present location and condition）に至るまでに発生したその他の原価のすべてを含まなければならない（IAS2, par. 10）。

なお，購入原価は，棚卸資産の取得に直接起因する購入代価，輸入関税その他の税金，運送費，荷役費等から成り，値引き，割戻しその他類似のものは控

---

[2]　なお，IAS2は，正味実現可能価額で測定される農産物，販売費用控除後の公正価値で測定されるコモディティ・ブローカー／トレーダーの棚卸資産には，測定の要求事項についてのみ適用除外となる（IAS2, pars. 3～5）。

除される（IAS 2, par. 11）。わが国の「企業会計原則」（注解4）では，棚卸資産の取得原価に含められる取引費用，関税，買入事務費，保管費等の付随費用のうち，重要性の乏しいものについては，取得原価に算入しないことができる。

棚卸資産の購入に要した負債利子については，これを期間費用として処理するのが一般的な慣行となっているという理由により，原価算入は否定される（「連続意見書第四」第一・五・1）。なお，日本基準では現金割引は購入原価から控除されず営業外収益とされるが，IAS 2では購入原価の控除対象とされる。

(2) 自己製造の場合における当初認識

わが国の「企業会計原則」（注解8）によれば，製造によって取得した製品等の原価は，適正な原価計算に基づく取得原価（正常な実際製造原価）によって算定しなければならない。取得原価について標準原価または予定原価を適用して生じた原価差額が合理的に僅少であるならば，当該差額を含めて取得原価とすることもできる。ただし，原価差額が合理的に僅少な場合を除いて，貸借対照表に計上する価額は，差額調整を行った後の原価としなければならない（「連続意見書第四」第一・五・2(1)）。

加工費には，直接労務費のような生産単位に直接関係する費用および製造間接費が含まれ，原材料を完成品に加工する際に生じる固定・変動の製造間接費については，規則的な配賦方法を用いて配賦しなければならない。なお，(a)仕損にかかる材料費，労務費またはその他の製造費用のうち異常な金額，(b)保管費用（その後の製造過程に移る前に必要な費用を除く），(c)棚卸資産が現在の場所および状態に至ることに寄与しない管理部門の間接費，(d)販売費用は，棚卸資産の原価を構成せず，発生時の費用とされる（IAS 2, par. 16）。

また，限定的ながら，「借入費用」を棚卸資産の取得原価に含める場合を想定している（IAS 2, par. 17）。すなわち，IAS 23では，適格資産の取得に直接起因する借入費用は，資産の取得原価を構成するものとした上で，繰り返し大量に製造される棚卸資産を任意的除外項目として挙げている（IAS 23, par. 4(b)）。したがって，少量の製品を長期間にわたって製造するような場合にあっ

ては，借入費用を資産化することになる。この点に関し日本基準では，借入費用に関する取扱いを明示した会計規定は存在しない。

(3) 交換・受贈の場合における当初測定

交換・受贈により取得した棚卸資産の取得原価は，基本的には，有形固定資産の当初測定における会計方針に基づいて算定されることになる。

Ⅲ 棚卸資産の費用化（原価配分）

棚卸資産の取得原価は，期中の費消分（売上原価または製造原価）と期末の未費消分（棚卸価額）に原価配分される。棚卸資産の取得原価が，同一品目でありながら取得時点の相違により異なる場合，どの時点の原価を配分するのかという問題が生じる。この原価配分方法は，適正な売上原価（または製造原価）を算定するためには，当該棚卸資産の性質・種類，物的移動等を斟酌して決定しなければならない。

わが国では，棚卸資産の原価配分方法として，会計基準の国際的コンバージェンスを図るために，個別法，先入先出法，移動平均法，総平均法，売価還元原価法等に限定され，後入先出法は廃止された（「基準9号」34-6項〜34-8項）。

ただし，IAS2自体でも，原価配分方法に関する規定は幾度も改正されてきた。1975年10月に公表された原初基準であるIAS2（1975年）(pars. 13 and 26) では，各国における当時の会計実践の寄せ集めであったため，後入先出法 (last-in first-out：以下，LIFOと略す)，基準在高法（base stock）も容認されていた。

1989年公表のE32および1990年承認の「E32趣旨書」の提案を受けて1993年12月に改称・改訂されたIAS2（1993年改訂）では，「標準処理」として先入先出法 (first-in first-out：以下，FIFOと略す) または加重平均法 (weighted average cost：以下，WACと略す) が選択適用され，「代替処理」としてLIFOの採用が認められている。また，通常，互換性のない棚卸資産および

特定のプロジェクトのために製造・区分されている棚卸資産には，個別法（specific identification）が適用されなければならない。売価還元法（retail method）は，その適用結果が原価と近似する場合にのみ，簡便法として利用できる（IAS 2（1993年改訂）pars. 17, 19, 21 and 23）。このように，IAS 2（1993年改訂）は，財務諸表の比較可能性を保持するために，原価配分方法の選択幅を縮小し，統一的な方法に限定しようとしていた。

さらに，「代替処理」によりLIFOを選択適用した場合には，貸借対照表上の棚卸資産価額と下記に示す事項のいずれかとの差額を開示しなければならない（IAS 2（1993年改訂），par. 36）。

(a) 標準処理として適用できるFIFOまたはWACによって算出された金額（原価）と正味実現可能価額（net realisable value）とのいずれか低い額

(b) 貸借対照表日の現在原価（current cost）と正味実現可能価額とのいずれか低い額[3]

IAS 2（1993年改訂）では，代替処理としてのLIFOを採用すれば，標準処理としてのFIFOまたはWACに基づいた金額の計算を行う場合もあり，しかも，上述のような差額開示が強制されている。LIFOによる金額との差額の強制開示は，LIFO適用の阻害要因になるであろう（菊谷［1997］359～360頁）。

現行IAS 2でも，棚卸資産の原価算定（配分）において，①通常，代替性がない棚卸資産の原価および特定のプロジェクトのために製造され，かつ，他の棚卸資産から区分されている財貨・用役，②それ以外の棚卸資産とに分けた上で，それぞれ適用される方法を限定している。すなわち，①の対象となる棚卸資産には「個別法」が適用され（IAS 2, par. 23），②の対象となる棚卸資産に

---

3) IAS 2（1993年改訂）に規定されている「再調達原価と正味実現可能価額の低価法」は，菊谷（［1991］100～102頁）により「時価・時価低価法」と名付けられていた。菊谷は，ドイツ実体維持会計学説と英国型時価主義における「企業にとっての価値」（value to the business）あるいは「喪失価値」（deprival value）を援用し，販売目的資産である棚卸資産の特殊性を考慮して，棚卸資産の再測定（期末評価）基準として再調達原価と正味実現可能価額との「時価・時価低価法」を考案・提唱していた（菊谷［2002］38頁）。

はFIFOまたはWACが適用される（IAS 2, par. 25）。

　代替性のある棚卸資産項目が多数ある場合における個別法の適用は，販売棚卸資産を意図的に選択して認識することによって損益に影響を及ぼすことが可能となるため，適切ではない（IAS 2, par. 24）。

　また，事業体にとって性質および使用方法が類似するすべての棚卸資産について，同じ原価算定方式が使用されなければならない（IAS 2, par. 25）。したがって，たとえば同じ種類の棚卸資産であっても事業セグメントが異なれば，異なる原価算定方式を使用することも考えられるが，棚卸資産の地理的な場所が異なる（または場所ごとの税法が異なる）というだけでは，異なる原価算定方式を使用することを正当化できない（IAS 2, par. 26）。

　なお，標準原価法および売価還元法のような棚卸資産原価の測定技法は，その適用結果が原価と近似する場合にのみ，簡便法として使用が認められる（IAS 2, par. 21）。

　前述したように，日本基準では，現在，棚卸資産の原価配分方法として，並列的に個別法，FIFO，平均原価法，売価還元法のみを認めている。したがって，現状においては，IAS 2とほぼ同等の規定が設けられていると言える[4]。棚卸資産原価配分方法に関して，IAS 2と日本の「基準9号」をすれば，表4－1のとおりとなる。

表4－1　棚卸資産原価算定方式の比較

IAS 2	日本基準	
①個別法が適当な棚卸資産：個別法 ②上記以外の棚卸資産：FIFOまたはWAC ③結果が原価と近似する場合の簡便法： 　　　　標準原価法，売価還元法	①個別法 ②FIFO ③平均原価法 ④売価還元法	並列

---

4) 以前には，これらに加え，LIFOも認められていたが，IAS 2が2003年よりLIFOを除外したことを受け，2008年にASBJでも当該方法を選択可能な方法から外している（「基準9号」34－8項）。また，最終仕入原価法も認められていない（「基準9号」34－4項）。ただし，法人税法では，法定評価法として最終仕入原価法の採用が認められている。

Ⅳ 棚卸資産の再測定（期末評価）

1 原則的な評価基準

棚卸資産は，原価と正味実現可能価額とのいずれか低い額（the lower of cost and net realisable value）により測定しなければならない（IAS 2, par. 9）。

ここに「正味実現可能価額」とは，通常の事業の過程における見積売価から，完成までに要する見積原価および販売に要する見積費用を控除した額である（IAS 2, par. 6）。換言すれば，正味実現可能価額とは，通常の事業の過程において棚卸資産に売却により実現することが予想される正味の金額を意味する。そのため，これは「事業体固有の価値」であり，市場取引における知識のある自発的な買手・売手間で交換される金額たる公正価値とは，意味を異にする（IAS 2, par. 7）。

棚卸資産の正味実現可能価額までの引下げには，棚卸資産の損傷，陳腐化，販売価格の下落，完成に必要な見積原価または販売に要する見積費用の増加など，種々の原因が考えらえるが，それらの原因は問わない。その上で，棚卸資産を原価から正味実現可能価額までの評価減する実務は，資産がその販売または利用によって実現すると見込まれる額（amounts expected to be realised from their sale or use）を超えて評価すべきではないという考え方と首尾一貫している（IAS 2, par. 28）。角ヶ谷（[2006] 36～37頁）の見解によれば，「販売または利用によって実現すると見込まれる額」とは回収可能価額を意味する。

なお，正味実現可能価額の見積りに当たっては，当該棚卸資産の所有目的も考慮される。たとえば，確定済みの販売または役務提供契約を履行するために所有される棚卸資産の在庫量の正味実現可能価額は，その契約価格に基づいて算定される。ただし，その販売契約量が棚卸資産の保有在庫量未満である場合には，その契約量を上回る在庫分の正味実現可能価額は通常の販売価格に基づいて算定される（IAS 2, par. 30）[5]。

---

5) 米国基準では，低価法を棚卸資産の原価に残存する有用性を表現する手段である

日本基準では，棚卸資産の測定に関し，棚卸資産を通常の販売目的（販売するための製造目的を含む）で所有する棚卸資産とトレーディング目的で所有する棚卸資産との区分した上で，前者の販売目的棚卸資産には取得原価と正味実現可能価額とのいずれか低い額で評価し（「基準9号」7項），後者のトレーディング目的棚卸資産には市場価格で評価する（「基準9号」15項）。

　すなわち，通常の販売目的で所有する棚卸資産につき，正味実現可能価額を基礎とする低価法を指示している。その論拠として，「棚卸資産への投資は，将来販売時の売価を想定して行われ，その期待が事実となり，成果として確定した段階において，投資額は売上原価に配分される。このように最終的な投資の成果の確定は将来の販売時点であることから，収益性の低下に基づく簿価切下げの判断に際しても，期末において見込まれる将来販売時点の売価に基づく正味実現可能価額によることが適当と考えられる」（下線：筆者）点を示す（「基準9号」49項）。したがって，基本的な思考はIAS2と軌を一にするようにもみえる。

　ただし，わが国の「基準9号」は，その文言上，一切「低価法」（ないし低価基準）という字句を用いていない。この点につき，会計基準設定時における一連のデュープロセス中，実は「論点整理」までは「低価法」という語を用いていた。確定基準（「基準9号」）において「低価法」という語が用いられなくなった理由は言及されていないが，その手掛かりが「論点整理」で示されていた表にあるように思われる（表4－2参照）。

と解釈し，その有用性は通常の営業過程において，その取得のために支出しなければならない価額とする立場から，再調達原価（current replacement cost）を基礎とする低価法を指示している（ARB 43, statement 6）。すなわち，「残留有用性」（residual usefulness）を利益創出能力と捉えられており，かかる観点から時価として再調達原価が採択される（ただし，それは正味実現可能価額を超えることはできない）（ARB 43, statement 6）。

表4-2 投資の回収形態と収益性低下の判断規準

帳簿価額切下理由	資産の収益性低下			
資産の種類	固定資産	市場価格のない債券または債権	その他有価証券（株式）	棚卸資産
投資の回収形態	使用（場合によっては売却）	契約（場合によっては売却）	保有を通じた関係や売却・配当	販　売
収益性の低下の判断規準	割引前将来キャッシュ・フロー＜帳簿価額	債権者区分	時価の著しい下落	時価＜帳簿価額

（出所）　企業会計基準委員会［2005］「棚卸資産の評価基準に関する論点整理」22頁，表1。

　当該表によれば，対象資産が事業用資産（事業投資）であるか金融資産（金融投資）であるかにかかわらず，資産の帳簿価額の切下げにおいて「収益性の低下」を統一概念としていることが判明する[6]。

　この考え方によれば，資産の収益性が低下していれば，それを費用もしくは損失として切り捨てるのは当然であり，敢えて「低価法」というロジックを必要とするものではないと考えているのかもしれない。仮に，かかる切下げを低価法と位置づけるのであれば，固定資産の減損会計も，株式や債券の評価替処理も，すべからく低価法の適用ということにもなってしまうが，そのような解

---

[6]　「基準9号」（36項）では，「収益性が低下した場合における簿価切下げは，取得原価基準の下で回収可能性を反映させるように，過大な帳簿価額を減額し，将来に損失を繰り延べないために行われる会計処理である」（下線：筆者）と記述されている。このロジックは，固定資産の減損会計と全く同じである。すなわち，「固定資産の減損に係る会計基準の設定に関する意見書」（三）では，減損会計の基本的考え方として次のように述べている。「これは，金融商品に適用されている時価評価とは異なり，資産価値の変動によって利益を測定することや，決算日における資産価値を貸借対照表に表示することを目的とするものではなく，取得原価基準の下で行われる帳簿価額の臨時的な減額である」（下線：筆者）。

釈は通常のものとは言えないだろう。いずれにせよ，現行の棚卸資産の評価においては，従来用いられてきた「低価法」という文言は使用されていないものの[7]，期末における貸借対照表価額は「収益性の低下」が反映されることとされている[8]。

また，「基準9号」（5項）では，IAS2あるいは「連続意見書第四」で用いられていた「正味実現可能価額」という用語に代えて，「正味売却価額」という用語を用いている。これは，「実現可能」という用語では不明瞭であるという意見があることや，「減損会計基準」において「正味売却価額」を用いていることとの整合性に配慮したものであるが，これらの意味するところに相違はない（「基準9号」33項）[9]。

時価を正味売却価額という出口価値（exit value）に求めているということは，将来予想される販売損失を当期の損益計算において回収しようとすることになる。仮に時価を再調達原価という入口価値（entry value）に求めた場合には，棚卸資産の保有損失を当期に損益計算において回収しようとすることとなり，換言すれば，将来の販売時点における利益計上を意図することにもつながる（図4－1参照）。日本基準は，原則として時価に正味売却価額を採択したことにより，将来の販売時点における利益が計上されることにはならない。

---

[7] その証左として，有価証券報告書中の財務諸表（たとえば，日産自動車）における会計方針の記述は，各社一様に次のような表記がなされている。
「棚卸資産の評価基準及び評価方法
　先入先出法に基づく原価法（貸借対照表価額は収益性の低下に基づく簿価切下げの方法により算定されている）」

[8] 米国のように「残留有用原価説」に立脚した場合の棚卸資産評価は，一種の取得原価基準とする見方も存在する（菊谷［1995］14頁）。しかし，日本基準のそれは正味売却価額に基づく回収可能性を拠り所とする棚卸資産評価であり，取得原価基準とは整合しないように思われる。

[9] この点につき，角ヶ谷（［2006］38頁）は，正味実現可能価額は通常の営業過程から得られる価額（＝企業の価値），すなわち「将来」を時点とするものであるのに対し，正味売却価額は市場価額（＝市場の価値），すなわち「現在」を時点とするものであるから，両者の意味するところは相違ないとする点に疑問を呈している。

図4-1　時価の種類と評価損の意味

(1) 時価として正味売却価額を用いる場合
```
　　　取　得　原　価（購　入　市　場）
△時　　　　価（販　売　市　場）
　　　評　価　損（販　売　損　失）
```

(2) 時価として再調達原価を用いる場合
```
　　　取　得　原　価（購　入　市　場）
△時　　　　価（購　入　市　場）
　　　評　価　損（保　有　損　失）
```
※売却時に益が出る

2　例外的な評価基準

　棚卸資産の生産に使用する目的で所有される原材料・貯蔵品は，それが組み込まれる製品が原価以上の金額で販売されると見込まれる場合には，評価減されない。しかし，製品の正味実現可能価額が原価より低くなることを原材料の価格の下落が示しているときには，その原材料は正味実現可能価額まで評価減される。なお，このような場合，原材料の再調達原価が正味実現可能価額について最良の入手可能な測定値であることもある（IAS 2, par. 32）。

　わが国の「基準9号」（10項）でも，原材料等に関し，再調達原価の方が把握しやすく，正味売却価額が当該再調達原価に歩調を合わせて動くと想定される場合には，継続適用を条件にして，再調達原価（最終仕入原価を含む[10]）によることを認めている。

3　評価減の戻入れ

　棚卸資産を原価以下に評価減する原因となる従前の状況がもはや存在しない場合，または経済的状況の変化により正味実現可能価額の増加が明らかである証拠がある場合には，評価減の額の戻入れを行う（IAS 2, par. 33）。すなわち，いわゆる「洗替え法」を指示している。

　わが国の「基準9号」（14項）では，簿価切下額の戻入れに関し，棚卸資産の種類ごとに当期に戻入れを行う方法（洗替え法）と行わない方法（切放し法）の選択適用を認めている。その際，両方法は，棚卸資産の種類ごとに選択

10）最終取得原価法は，諸外国において認められていない。

適用でき，また，売価の下落要因を区分把握できる場合にも，その要因ごとに選択適用できる。すなわち，後者の例として，物理的な欠陥（品質低下）や経済的な劣化（陳腐化評価損）については，正味売却価額まで回復する見込みはないことから「切放し法」が妥当する一方，市場の需給変化については，回復する見込みもあることから「洗替え法」が妥当する。棚卸資産測定について，IASと日本基準を比較すれば，表4-3のとおりになる。

表4-3　棚卸資産測定の比較

IAS 2	日本基準
低価法 ― 原価と正味実現可能価額との低い額 原材料等：正味実現可能価額についての最良の入手可能な測定値として再調達原価 評価減の戻入れ：可（洗替え法）	通常の販売目的（販売するための製造目的を含む）で所有する棚卸資産： 低価法 ― 原価と正味売却価額との低い額 原材料等：正味売却価額または条件付で再調達原価 評価減の戻入れ：可（洗替え法）または不可（切放し法） トレーディング目的で所有する棚卸資産： 時価法 ― 市場価格

V　棚卸資産の認識の中止

　棚卸資産が販売されたときには，その棚卸資産の帳簿価額は，関連する収益が認識される期間に費用として認識されなければならない。正味実現可能価額への棚卸資産の評価減の額および棚卸資産に係るすべての損失は，評価減または損失の原因が発生した期間に費用として認識されなければならない。正味実現可能価額の上昇により生じる棚卸資産の評価減の戻入額は，その戻入れを行った期間において，費用として認識された棚卸資産の金額の減少として認識されなければならない（IAS 2, par. 34）。

Ⅵ　棚卸資産の開示

　IAS 2 (par. 36) によれば，棚卸資産については，次の事項を財務諸表に開示しなければならない。
　(a)　棚卸資産の評価に当たって採用した会計方針（原価算定方式を含む）
　(b)　棚卸資産の帳簿価額の合計金額およびその事業体に適した分類ごとの帳簿価額
　(c)　販売費用控除後の公正価値で計上した棚卸資産の帳簿価額
　(d)　期中に費用として認識した棚卸資産の額
　(e)　期中に費用として認識した棚卸資産の評価減の金額
　(f)　期中に費用に認識した棚卸資産の金額の減少として認識した評価減の戻入れの金額
　(g)　棚卸資産の評価減の戻入れをする原因となった状況・事象
　(h)　負債の担保として差し入れた棚卸資産の帳簿価額
　これに対して，わが国の「企業会計原則」（注解1-2）において，重要な会計方針の開示として，棚卸資産の評価基準および評価方法についての注記が求められるほかに，「基準9号」(17～19項) では，通常の販売目的で所有する棚卸資産の収益性の低下に係る損益の表示および注記，トレーディング目的で所有する棚卸資産に係る損益の表示が求められている。また，「会社計算規則」（第103条の1）により，資産が担保に供されていること，当該資産の内容・金額および担保に係る債務の金額について，貸借対照表に注記することが求められている。

Ⅶ　棚卸資産会計に関する実証研究

　現行IAS 2で容認する棚卸資産の原価配分方法としては，LIFOの適用は認められていない (IAS 2, pars. 21～27)。他方，US-GAAPではLIFO適用が許容

されており，この点においてLIFOを容認しないIAS2とは一線を画している。

　棚卸資産に関する実証研究は，IAS2では適用できないLIFOに関連する研究が主たるものであり，米国を中心に行われてきた。それらを大別すると(1)LIFO適用に対する資本市場の評価，(2)LIFO・FIFO間の会計方針の選択，(3)LIFOと期首在庫の掃出し（LIFO liquidation）および(4)後入先出法差額という四つの視点が挙げられる。ここでは，米国における実証研究を確認し，IAS2では容認されていないLIFOについて検討を行う。

1　LIFO適用に対する資本市場の評価

　棚卸資産にかかる実証研究として，初期の研究では，企業が原価配分方法をLIFOへ変更したときの資本市場の評価を検証したものがある。Sunder［1973, 1975］やBiddle and Lindahl［1982］はLIFOへの変更と資本市場の評価はプラスに関連することを報告している一方，Brown［1980］やRicks［1982］は変更と資本市場の評価の間にはマイナスの関係があることを発見している。こうした結果の相違は，検証が行われた背景となる経済環境（物価上昇の程度）の違いに起因している。

　Sunder［1973］は，1946年から1966年の間でLIFOを採用していた119社とLIFOの採用を中止した26社をサンプルに分析を行っている。LIFOを採用していた企業では，累積異常株式リターンが会計基準変更期に5.3％だけ増加した後，1.3％ほど僅かに下落することが観測されている。他方，LIFOの採用を中止した企業については，企業数が少ないため何ら特定のパターンは観察されなかった。また，Sunder［1975］によれば，インフレ時におけるLIFOへの原価配分方法の変更は利益を減少させることとなり，投資家が利益に依拠して投資を行っているならば，LIFOへ変更した企業の株価は下落する。他方，企業の経済的価値に依拠しているならば，株価は上昇するであろう。彼は，米国において1946年から1966年の間にLIFOへ変更した126社とLIFOの採用を中止した21社のβの変動を分析した結果，LIFOへ変更した企業の場合，変更前後24ヶ月に株式のリスクが平均して5.4％だけ上昇している一方，LIFO適用を中止し

た企業では，中止前後24ヶ月で株式のリスクが約5.3％だけ減少している。つまり，株価の変動は，利益の変化ではなく経済的価値の変化と関連付けられることが示唆されている。

　Biddle and Lindahl [1982] は，LIFOから得られるキャッシュ・フローのベネフィットに対する投資家の評価を測定するために，LIFO適用初年度の節税効果額と長期異常株式リターンの関係を分析している。1973年から1980年の期間にLIFOへ変更した311社を分析した結果，LIFOによる節税金額が大きいほど，LIFO適用後の長期異常株式リターンも大きくなることが確認されている。つまり，LIFOはその節税効果を通じてキャッシュ・フローに影響を及ぼすと投資家が評価していることが示唆されている。

　他方，Brown [1980] やRicks [1982] は，米国では1974年および1975年に急速にインフレが進んだことに着目し[11]，当該時期におけるLIFOへの変更に対する資本市場の評価を検証している[12]。Brown [1980] は，ランダムに変更企業と非変更企業を75社ずつ選択し，短期異常株式リターンがLIFOへの変更を公表した企業ではマイナスになる一方で，LIFOへ変更しなかった企業ではプラスになることを発見している。このような結果は，LIFO変更企業では利益が減額されるため，投資家は期待した配当を獲得できなくなると判断することに起因する。つまり，インフレが進行しているとき，投資家はLIFOへの変更を行った企業を好意的に評価していないこととなる。

---

[11]　1974年と1975年の2年間に，ニューヨーク証券取引所上場の400社以上が原価配分方法をLIFOへ変更している（Ricks [1982]）。また，OECD（Country statistical profiles）より消費者物価指数を入手し，米国におけるインフレ率を算定したところ，1970年，1971年および1972年はそれぞれ6.88％，−26.47％，−23.77％であったが，1973年および1974年にはそれぞれ88.79％と78.95％であり，急激にインフレ率が跳ね上がったことが確認される。

[12]　Ricks [1982] は，LIFOへの変更を行っていない企業のうち，EPSの数値が近く，かつ決算月が2ヶ月以内である企業をコントロール企業に設定し，LIFOへ変更した企業に対する資本市場の評価を検証している。275社を対象とした検証の結果，LIFO変更日周辺の株価は，LIFOへの変更を公表していない企業の株価よりも有意に下落している。

2 LIFO・FIFO間の会計方針の選択

　棚卸資産の会計方針の選択要因について検証を行っている研究がある（たとえば，Hunt [1985]，Niehaus [1989]）[13]。Hunt [1985] は，インフレ時にFIFOよりもLIFOの方が税制上のメリットを享受できるにもかかわらず，なぜ多くの企業がFIFOを選択するかを検証した。彼は，インフレ時にFIFO適用がもたらす保有利得や利益の増大に着目しながら，経営者報酬，財務契約条項や経営者持株比率の観点から分析を実施している。1974年と1975年の2年間にわたり191社を利用し，産業と規模（純売上高）により選定されたコントロール企業との比較分析やロジスティクス回帰分析が実施されている。そして，経営者はLIFO選択時の潜在的な財務契約条項抵触にかかるコストを重要であると考え，そのコストがLIFO適用から得られる税制上のメリットを上回るために，FIFOを選択するという結果が示されている。

　Niehaus [1989] は，経営者と株主の間の利害対立に焦点を当てて，経営者持株比率とLIFO適用の関連性を検証している。一般に，他の条件が等しければ企業の租税債務が大きいほど株価は低くなるため，インフレ時には，株主は課税所得を最小化するLIFOの選択を望む。しかしながら，仮に利益ベースの経営者報酬が設定されている状況下では，経営者には利益を大きくするFIFOを選択するインセンティブが働く。つまり，LIFOが課税を最小にする場合，潜在的に株主と経営者の間には利害対立が存在することとなる。

　Niehaus [1989] では，1980年のFortune 500のうち456社を用いて，経営者持株比率および社外持株比率がLIFO選択に及ぼす影響が推計されている[14]。経営者持株比率が増加するとLIFO選択の確率は減少するが，経営者持株比率がある点を超えるとLIFO選択の確率が増加するという二次曲線関係が確認されている。つまり，経営者持株比率が極めて少ない企業では，経営者にFIFO

---

13) 企業がどのタイミングでLIFOへの会計方針の変更を行うかを検証した研究も存在する(Lee and Petruzzi [1989])。

14) LIFOを選択していれば1，そうではなければ0をとる変数に対して，経営者持株比率，企業規模，財務レバレッジや棚卸資産の変動係数等のコントロール変数，産業ダミー変数を回帰して検証を行っている。

を選択する裁量権が少ないために株主に有利なLIFOが選択される。しかしながら，経営者持株比率が増加するにつれて経営者の裁量が増加し，経営者に有利なFIFOが選択されるようになる。ただし，さらに経営者持株比率が高くなると，節税による株価上昇効果がFIFO選択による経営者報酬から得られる効果を上回り，経営者はLIFOを選択する可能性が高くなることが確認されている。

3　LIFOと期首在庫の掃出し

　FIFOとLIFOの選択は，課税所得に影響を及ぼすために，企業のキャッシュ・フローの水準を決定する要因となる。また，このような課税上のインセンティブは期首と期末における棚卸資産水準に依拠する。インフレ時に期末在庫が期首在庫よりも多い場合には，売上原価はFIFO適用時よりもLIFO適用時に大きくなり，利益は減額される。ただし，期末在庫が期首在庫を下回れば，期首在庫の掃出しによって，過去に取得した著しく単価の低い棚卸資産が売上原価として処理されるため，巨額の利益が計上されることとなる。こうした期首在庫の掃出しを対象に検証を行った研究も存在する（たとえば，Biddle［1980］，Davis et al.［1984］，Frankel and Trezevant［1994］）。

　Biddle［1980］は，1972年から1975年の期間における105社のLIFO適用企業とそれら企業のコントロール企業を利用して，期末時点における棚卸資産の特質と経営者による棚卸資産の原価配分方法の選択の関連性を検証している[15]。検証の結果，LIFOによる売上原価とFIFOによる売上原価の差額や，期末棚卸資産の平均成長率等の棚卸資産に関する指標は，LIFO適用以前の時期にはコントロール企業と差は確認されていない一方で，LIFO適用以後にはコントロール企業と統計的に有意な差が検出され，LIFOとFIFOの選択はキャッシュ・フローに有意な差を生じさせることが明らかとなっている。さらに，LIFO適用企業はコントロール企業よりもより多くの期末在庫を抱える傾向があり，LIFO適用から得られる節税上のインセンティブが，期末在庫の水準の

15）　コントロール企業は，LIFOを採用していない企業の中から，産業および企業規模（売上高）に基づき選定される。

決定に影響することも発見されている。

　LIFO適用は，棚卸資産の購買活動とも関連する。Frankel and Trezevant ［1994］によれば，LIFO適用企業は，LIFOによる節税効果を享受するために期末に追加的に棚卸資産を購入している。具体的には，1980年から1988年の295社を利用して，税率の高さが第4四半期における棚卸資産の購入水準に及ぼす影響が検証されている。さらに，税率が高いLIFO適用企業は，税率が低いLIFO適用企業よりも第4四半期に0.6％だけ多くの棚卸資産を購入するという結果が報告されている。

4　後入先出法差額

　Jennings et al. ［1996］やCoffee et al. ［2009］は，LIFO適用が損益計算書や貸借対照表の有用性にどのような影響を及ぼすかについて，後入先出法差額（LIFO reserve）の視点から研究している。後入先出法差額とは，棚卸資産の時価評価額とLIFOによる帳簿価額との差額のことを指す（青木［1994］64頁）。

　Jennings et al. ［1996］は，LIFOを適用している場合と仮にLIFOを適用していなかった場合について，それぞれの損益計算書と貸借対照表の有用性について検討を行うとともに，後入先出法差額に関する情報を追加開示することの経済的意義の検証をしている[16]。ここでは，後入先出法差額を利用して，

---

16) LIFOに基づく損益計算書の追加情報として後入先出法差額を追加開示することの有用性を検証するモデルは，$MV = a_0 + a_1REV + a_2NLCOGS + a_3EXP + a_4 \Delta RES + \varepsilon$（$MV$は株式時価総額，$REV$は当期売上高，$NLCOGS$は仮にLIFOを適用しなかった場合の売上原価，$EXP$は当期の売上原価以外の費用，$\Delta RES$はLIFO適用時の売上原価と仮にLIFOを適用しなかった場合の売上原価の差分）である。また，LIFOに基づく貸借対照表の追加情報として後入先出法差額を追加開示することの有用性を検証するモデルは，$MV = \beta_0 + \beta_1ABINV + \beta_2LINV + \beta_3LIAB + \beta_4RES + \mu$（$ABINV$は棚卸資産以外の総資産，$LINV$はLIFO適用時の棚卸資産，$LIAB$は負債と優先株式の総和，$RES$は後入先出法差額）である。ここでは，追加的な情報開示の経済的効果を測定するために，a_2とa_4，そしてβ_2とβ_4が等しいかどうかが検定される。詳細は，Jennings et al. ［1996］pp. 90～92 および pp. 97～98を参照されたい。

仮にLIFOを適用していなかった場合の損益計算書と貸借対照表が作成されている。一般に，LIFOを適用したときの損益計算書は費用が収益とより対応するため，LIFOを適用していない場合よりも有用性が高くなる。他方，LIFOを適用した貸借対照表は，過去の取得原価で棚卸資産が計上されているため，LIFOを適用していない貸借対照表よりもその有用性は劣ると考えられる。

1976年から1991年の8,842社のデータを用いて検証を行った結果，LIFOによる損益計算書は，期待と合致して，仮にLIFOを適用していなかった場合の損益計算書よりも株式時価総額をより適切に説明している。また，後入先出法差額の変化に関する情報を追加開示することは株式時価総額に経済的に有意な影響を及ぼさず，仮にLIFOを適用しなかった場合の売上原価と後入先出法差額の変化を併せて開示することで何かしら情報が失われるわけではないという推計結果が得られている。

他方，貸借対照表に関しては期待と相違して，LIFOに基づく貸借対照表の方が，仮にLIFOを適用しなかった場合の貸借対照表よりも株式時価総額をより適切に説明することが明らかとなっている。そして，追加情報として，仮にLIFOを適用しなかった場合の貸借対照表を作成するために必要となる後入先出法差額を開示することは，将来の資源に関するフローの情報増分となるために有用であることも確認されている。このような結果は，後入先出法差額を単独で認識することには経済的意義があるが，仮にLIFOを適用した場合の棚卸資産を後入先出法差額と一緒に認識してしまうと，後入先出法差額の情報価値は相殺されて失われることを示唆している。つまり，Jennings et al. [1996] の結果は，損益計算書はLIFOが好ましいが，貸借対照表においてはLIFOの情報内容が劣るわけではないことを示している。

しかしながら，Coffee et al. [2009] は2007年の305社のデータを用いてJennings et al. [1996] とは異なる見解を表明している。彼らは，LIFOの適用が期末の棚卸資産や売上原価，運転資本や流動比率を大きく歪める原因であるため，たとえ後入先出法差額が少額であったとしてもLIFO適用は望ましくないと主張する。

5　今後の展望

　IAS 2においては容認されていないLIFOの適用に関する実証研究をいくつか紹介した。その結果，投資家の視点に立脚すれば，LIFOは節税効果をもたらすこととともに，ガバナンスが適切に機能していればFIFOよりもLIFOの方が選好されること，そしてLIFOに基づく貸借対照表は，仮にLIFOを適用しなかった場合の貸借対照表と比して情報を喪失しているわけではないことが確認されている。

　しかしながら，LIFO適用は，期首在庫の掃出しを起こさないための在庫調整（利益調整）の原因になる。なお，IAS 2でLIFOが容認されていないことについて，経営者が機会主義的にどの程度在庫調整（利益調整）を行うかに関する研究成果の蓄積が期待されよう。

【参考文献】

American Institute of Accountants [1953] *Accounting Research Bulletin No. 43* "Restatement and Revision of Accounting Research Bulletins," Chapter 4, Inventory Pricing. ………………………………………………… ARB 43

Biddle, G. C. [1980], "Accounting Methods and Management Decisions: The Case of Inventory Costing and Inventory Policy," *Journal of Accounting Research*, Vol. 18 Supplement, pp. 235〜280.

Biddle, G. C. and F. W. Lindahl [1982], "Stock Price Reactions to LIFO Adoptions: The Association Between Excess Returns and LIFO Tax Savings," *Journal of Accounting Research*, Vol. 20 No. 2, pp. 551〜588.

Brown, R. M. [1980], "Short-Range Market Reaction to Change to LIFO Accounting Using Preliminary Earnings Announcement Dates," *Journal of Accounting Research*, Vol. 18 No. 1, pp. 38〜63.

Coffee, D., R. Roig, R. Lirely and P. Little [2009], "The Materiality of LIFO Accounting Distortions of Liquidity Measures," *Journal of Finance and Accountancy*, Vol. 2 No. 1, pp. 35〜46.

Davis, H.Z., N. Kahn and E. Rozen [1984], "LIFO Inventory Liquidations: An Empirical Study," *Journal of Accounting Research*, Vol. 22 No. 2, pp. 480〜496.

第4章　棚卸資産会計

FASB［2004］*Statement of Financial Standards No. 151 "Inventory Costs：An Amendment of ARB No. 43, Chapter 4".*··SFAS 151
Frankel M. and R. Trezevant［1994］, "The Year-End LIFO Inventory Purchasing Decisions：An Empirical Test," *The Accounting Review*, Vol. 69 No. 2, pp. 382～398.
Hunt, H. G.［1985］, "Potential Determinants of Corporate Inventory Accounting Decisions," *Journal of Accounting Research*, Vol. 23 No. 2, pp. 448～467.
IASB［2003］*International Accounting Standard 2（revised 2003）"Inventories".* ·· IAS 2（2003年改訂）
IASB［2011］*International Accounting Standard 2（amended 2011）"Inventories".* ·· IAS 2
IASC［1975］*Valuation and Presentation of Inventories in the Context of the Historical Cost System.* ·· IAS 2（1975年）
IASC［1993］*International Accounting Standard 2（revised 1993）"Inventories".* ·· IAS 2（1993年改訂）
IASC［1989］*Exposure Draft 32 "Comparability of Financial Statements".* ········ E 32
IASC［1990］*Statement of Intent "Comparability of Financial Statements".* ············ ·· 「E 32趣旨書」
Jennings, R., P. J. Simko and R. B. Thompson［1996］, "Does LIFO Inventory Accounting Improve the Income Statement at the Expense of the Balance Sheet?," *Journal of Accounting Research*, Vol. 34 No. 1, pp. 85～109.
Lee, C. J. and C. R. Petruzzi［1989］, "Inventory Accounting Switch and Uncertainty," *Journal of Accounting Research*, Vol. 27 No. 2, pp. 277～296.
Niehaus, G. R.［1989］, "Ownership Structure and Inventory Method Choice," *The Accounting Review*, Vol. 64 No. 2, pp. 269～284.
Ricks, W. E.［1982］, "The Market's Response to the 1974 LIFO Adoptions," *Journal of Accounting Research*, Vol. 20 No. 2, pp. 367～387.
Sunder, S.［1973］, "Relationship between Accounting Changes and Stock Prices：Problems of Measurement and Some Empirical Evidence," *Journal of Accounting Research*, Vol. 11 Supplement, pp. 1～45.
Sunder, S.［1975］, "Stock Price and Risk Related to Accounting Change in Inventory Valuation," *The Accounting Review*, Vol. 50 No. 2, pp. 305～315.

青木茂男［1994］「米国企業における後入先出法差額（LIFO Reserve）」『會計』第145巻第6号，834～847頁。
企業会計審議会［1962］「企業会計基準と関連諸法令との調整に関する連続意見書第四　棚卸資産の評価について」································「連続意見書第四」
企業会計基準委員会［2005］「棚卸資産の評価基準に関する論点整理」······「論点整理」

101

企業会計基準委員会［2008］企業会計基準第9号「棚卸資産の評価に関する会計基準」（最終改正）……………………………………………「基準9号」
菊谷正人［1991］「棚卸資産の時価・時価低価法 ― 企業実体維持会計の観点から ―」『会計人コース』第26巻第8号，94～103頁。
菊谷正人［1995］「棚卸資産会計の国際比較」『政經論叢』第94号，1～22頁。
菊谷正人［2002］「多国籍企業会計論（三訂版）」創成社。
杉本徳栄［2006］「国際的動向からみた棚卸資産会計」『企業会計』第58巻第11号，42～49頁。
デロイトトウシュトーマツ［2012］『国際財務報告基準（IFRS）詳説（第2巻）』（有限責任監査法人トーマツ訳）レクシスネクシス・ジャパン。
角ヶ谷典幸［2006］「棚卸資産評価を巡る諸問題」『企業会計』第58巻第11号，34～41頁。
山本紀生［2013］「国際会計基準の進化的形成 (1) ― IAS第2号（棚卸資産）：U. S. GAAPの影響を通して ―」『国際研究論叢』（大坂国際大学）第26巻第2号，23～43頁。

第5章

無形資産会計

I 無形資産の意義・種類

　近年,企業の競争優位の源泉として,無形資産が注目されてきている[1]。IAS 38（par. 8）によれば,「無形資産」（intangible asset）とは,物理的実体のない識別可能な非貨幣性資産をいう。このような無形資産には,コンピュータ・ソフトウェア,特許権,著作権,映画フィルム,顧客名簿,顧客または仕入先との関係,顧客ロイヤリティおよび市場占有率などがある（IAS 38, par. 9）。無形資産は,すべてが貸借対照表に計上されるわけではなく,以下に述べるIAS 38またはIFRS 3の規定を満足する必要がある。無形資産は,事業活動に利用される「事業用資産」であり,かつ,長期に保有される「固定資産」であり,「費用性資産」である。

　IAS 38は無形資産に関する会計基準であるのに対して,IFRS 3は企業結合に関する会計基準である。したがって,本章では,主にIAS 38の規定に基づいて,IFRSの無形資産会計を説明する。

　日本基準では,IAS 38のような無形資産を包括的に取り扱った会計基準は存在せず,無形資産に関する定義もない。「財務諸表等規則」（第27条）では,の

---

[1] たとえば,古賀［2005］を参照されたい。

れん，特許権，借地権，地上権，商標権，実用新案権，意匠権，鉱業権，漁業権，入漁権，ソフトウェア，リース資産，その他の無形資産で流動資産または投資たる資産に属しないもの（水利権，版権，著作権，映画会社の原画等を含む）が列挙されており，のれんの取扱いがIFRSと日本基準で異なっている。

また，繰延資産については，IFRSでは規定はなく，日本基準では，実務対応報告第19号「繰延資産の会計処理に関する当面の取扱い」において，株式交付費，社債発行費等，創立費，開業費および開発費が規定されている[2]。

II 無形資産の当初認識・当初測定

1 総論

IAS 38（par. 68）によれば，認識規準を満足する無形資産の取得原価の一部を構成する支出，あるいは企業結合で取得された無形資産として認識することができない項目を除いて，無形項目（intangible item）に関する支出は，発生時に費用として認識しなければならない。ここでいう「無形項目」とは，前述の「無形資産」の定義よりも広範な概念で使用されている。当初認識時に費用として認識した「無形項目」に関する支出については，後日，無形資産の取得原価の一部として認識することはできない（IAS 38, par. 71）。

2 個別取得

IAS 38（par. 21）の規定によれば，無形資産は，資産に起因する，期待される将来の経済的便益が事業体に流入する可能性が高く，かつ，資産の取得原価を信頼性をもって測定することができる場合に限り，認識される。当初認識時の測定は，取得原価で行われる（IAS 38, par. 24）。

個別取得の場合，事業体は，その無形資産に対して期待される将来の経済的便益が事業体に流入する可能性を認めて，その対価として取得原価を支払うこ

---

[2] IFRSでは，創立費，開業費，開発費等は無形資産に分類され，「繰延資産の部」は存在しない。

とから，認識規準を充足する（IAS 38, par. 25）。取得原価は，購入価格に意図する利用のために資産を準備するために直接起因する費用を加えたものである（IAS 38, par. 27）。

3　企業結合に伴う取得

　無形資産は，企業結合の一部として取得されることがある。IAS 38（par. 34）によれば，取得企業は，取得日時点で被取得企業のすべての無形資産を「のれん」と区別して認識しなければならない。この場合，当該資産が被取得企業の企業結合前の財務諸表上で認識されていたかどうかは関係ないため，もし取得企業で創設された自己創設無形資産であれば，無形資産として認識されないものであっても，企業結合の一部として取得された被取得企業の自己創設無形資産が無形資産として認識されることがある。この点は，自己創設無形資産に関する会計基準の非対称性を生じさせている部分でもある[3]。

　企業結合の一部として取得された無形資産の取得原価は，IFRS 3の規定に基づいて，取得日の公正価値（IFRS 3, par. 18；IAS 38, par. 33）で測定される。表5－1は，医療技術会社の取得に伴って，企業結合の一部として取得された無形資産の事例を示したものである（PWC［2013］, par. 15.36）。この設例によれば，2011年1月27日にBiocompatibles International plcを買収したことにより，BTG社の無形資産のうち，開発技術118.8百万ポンド，契約関係6.7百万ポンド，仕掛研究開発11.0百万ポンド，コンピュータ・ソフトウェア0.3百万ポンド，計136.8百万ポンド増加していることがわかる。

　わが国の「基準21号」（28～29項）によれば，被取得企業から受け入れた資産のうち，法律上の権利など分離して譲渡可能な無形資産が含まれる場合，識別可能なものとして取り扱う。識別可能な無形資産については，無形資産として認識されることになる。

---

[3]　自己創設無形資産の当初の会計処理に関する議論については，AASB［2008］や島永［2010］が詳しい。

表5-1 企業結合の一部として取得された無形資産の一例

BTG plc ―アニュアルレポート― 2011年3月31日
38 事業の取得（抜粋）

　2011年1月27日に，当社は，英国の上場企業であるBiocompatibles International plc（後日，Biocompatibles International Limitedで再登録）の発行済株式総数の100％を取得した。Biocompatibles International Limitedは，医薬品組み合わせ装置製品分野で国際的なリーディング・カンパニー（医療技術企業）であるBiocompatiblesグループの親会社である。本買収は，BTGの既存の販売基盤とBiocompatiblesの急成長している専門性の高い製品とを統合させるための優れた機会を提供するものである。グループの拡張により強化された資源は，Biocompatiblesの製品および開発パイプラインへの投資を加速させるものである。本取引は，パーチェス法により会計処理されている。

17 無形資産（抜粋）

	開発技術 単位：百万ポンド	契約関係 単位：百万ポンド	仕掛研究開発 単位：百万ポンド	コンピュータソフトウェア 単位：百万ポンド	特許 単位：百万ポンド	契約上の権利の買戻し 単位：百万ポンド	合計 単位：百万ポンド
原価							
2009年4月1日現在	120.3	36.1	7.7	0.5	14.7	－	179.3
追加分	－	－	－	－	1.2	－	1.2
処分	－	－	－	(0.5)	(2.8)	－	(3.3)
為替変動	(2.9)	(0.9)	－	－	(0.1)	－	(3.9)
2010年4月1日現在	117.4	35.2	7.7	－	13.0	－	173.3
追加分	－	－	－	－	0.4	9.7	10.1
Biocompatibles社に伴う取得	118.8	6.7	11.0	0.3	－	－	136.8
処分	－	－	－	－	(0.1)	－	(0.1)
為替変動	(6.0)	(1.9)	0.1	－	(0.1)	(0.2)	(8.1)
2011年3月31日現在	230.2	40.0	18.8	0.3	13.2	9.5	312.0

（出所）　PWC［2013］，par. 15.36, Table 15.1を引用したものである。

4 自己創設による取得

(1) 自己創設のれん

IAS 38 (par. 48) は，無形資産の認識要件を満足しないため，「自己創設のれん」を無形資産として認識することを禁止している。「自己創設のれん」とは，IAS 38 (par. 50) によれば，いずれかの時点における企業の公正価値と企業の識別可能な純資産の帳簿価額との間の差異をいう。すわなち，企業全体の公正価値（企業価値）から企業の識別可能な純資産の帳簿価額を控除した金額が，「自己創設のれん」となる。

(2) 自己創設無形資産

「自己創設無形資産」とは，自己創設のれんを除く，社内で生み出された無形資産をいう。無形資産の取得には，個別取得や企業結合に伴う取得もあるが，これらの取得はいわば例外的なものであり，自己創設により生み出されて取得される無形資産が一般的である。

IAS 38 (par. 52) によれば，自己創設無形資産が認識規準を満たすか否かを判定するために，資産の創出過程は「研究局面」と「開発局面」とに分類されている。研究局面から生じた無形資産の認識を認めていないため，これに関連する支出は，発生時の費用として認識しなければならない（IAS 38, par. 54）。研究局面と開発局面とを区別できない場合には，そのプロジェクトの支出を研究局面において発生したものとして処理しなければならない（IAS 38, par. 53）。

他方，開発局面から生じた無形資産については，次に列挙する(a)～(f)のすべてを立証できる場合に限り，認識できる（IAS 38, par. 57）。

(a) 使用または売却できるように無形資産を完成させる技術上の実行可能性
(b) 無形資産を完成させ，さらに，それを使用または売却するという企業の意図
(c) 無形資産を使用または売却できる能力
(d) 無形資産が蓋然性の高い将来の経済的便益を創出する方法（とりわけ，無形資産による産出物または無形資産それ自体の市場の存在，あるいは内

部で使用する予定がある場合には，無形資産の有用性の立証）
(e) 無形資産の開発を完了し，さらに，それを使用または売却するために必要となる適切な技術上・財務上およびその他の資源の利用可能性
(f) 開発期間中の無形資産に起因する支出について，信頼性をもって測定できる能力

　開発局面にある無形資産のうち，上記の要件を満たす自己創設無形資産は，無形資産として認識される。一方で，IAS 38（par. 63）では，自己創設のブランド，題字，出版表題，顧客名簿および実質的にこれらに類似する項目は，無形資産として認識することが禁止されている。IASBは原則主義を採用していることから，より具体的な禁止規定を設けずに，無形資産の認識・測定については，経営者の自主的な判断に任せるべきであろう。

5　無形資産の交換による取得

　無形資産は，資産の交換によって取得される場合がある。IAS 38（par. 45）によれば，単一または複数の無形資産が，単一または複数の非貨幣性資産，あるいは貨幣性資産と非貨幣性資産との組合せとの交換により取得されるケースが指摘されている。資産の交換の場合，取得した無形資産の取得原価は，原則として公正価値で測定される。

6　政府補助金による取得

　IAS 38（par. 44）によれば，政府補助金を使用して無償または名目価格で無形資産が取得されることがある。この場合，IAS 20の規定に従って，(a)取得時に無形資産および補助金の双方を公正価値により当初認識する方法あるいは(b)名目金額に資産をその目的に使用するための準備に直接必要とした支出を加算して当初認識する方法のいずれかを選択することができる。

Ⅲ　無形資産の再測定（期末評価）と償却

　無形資産の再測定（期末評価）に際しては，「原価モデル」または「再評価モデル」のいずれかを会計方針として選択する必要がある（IAS 38, par. 72）。日本基準では，「原価モデル」のみが認められた期末評価方法である（「企業会計原則」第三・五・E）。

1　原価モデル

　「原価モデル」を選択した場合，取得原価から償却累計額・減損損失累計額を控除して計上する（IAS 38, par. 74）。

　耐用年数を確定できるか否か，また，確定できる場合には，その耐用年数の期間を判定する必要がある（IAS 38, par. 88）。耐用年数を確定できる場合には，当該無形資産の償却可能額は，当該資産の耐用年数にわたり規則的に配分することが求められる（IAS 38, par. 97）。償却の開始時期は，当該資産が使用可能となった時点である。適用する償却方法は，企業によって予想される資産の将来の経済的便益の消費パターンを反映する必要があり，信頼性をもって決定できない場合には，定額法を採用する。各年度の償却額は，費用処理される。

　IAS 38（par. 104）によれば，償却期間および償却方法は，少なくとも各事業年度末に見直さなければならない。見積耐用年数が従来と大きく異なる場合には，償却期間を見直す必要がある。また，資産から生じる経済的便益の予測パターンに重要な変化が生じた場合には，変化後のパターンを反映するように償却方法を変更しなければならない。

2　再評価モデル

　IAS 38（par. 75）によれば，「再評価モデル」を選択した場合，再評価日の公正価値から再評価日以降の償却累計額・減損損失累計額を控除した再評価額

で認識しなければならない。再評価の頻度は，再評価される無形資産の公正価値の変動の程度により異なる（IAS 38, par. 79）。

再評価日現在の償却累計額は，次のいずれかにより処理しなければならない（IAS 38, par. 80）。

(a) 再評価後の資産の帳簿価額が，その再評価額に等しくなるように，資産の帳簿価額の総額の変化と比例的に再評価する。

(b) 当該資産の償却累計額控除前の帳簿価額と相殺消去し，その純額を当該資産の再評価額に再評価する。

無形資産の特性によっては，活発な市場が存在しないため再評価できないことがある。この場合，取得原価から償却累計額・減損損失累計額を控除した金額で計上する必要がある（IAS 38, par. 81）。さらに，再評価していた無形資産であっても，活発な市場がなくなるなどの理由で測定することができなくなることもある。このような場合，当該資産の帳簿価額は，活発な市場を参照した最後の再評価日における資産の再評価額から，その他の償却累計額・減損損失累計額を控除したものとしなければならない（IAS 38, par. 82）。

再評価の結果，無形資産の帳簿価額が増加する場合，IAS 38（par. 85）によれば，当該増加額は「その他の包括利益」で認識し，「再評価剰余金」として持分に累積しなければならない。ただし，同一資産の再評価による減少額が過去に純損益に認識されていた場合には，当該増加額は，その金額の範囲内で純損益に認識する必要がある。

一方，再評価の結果，無形資産の帳簿価額が減少する場合，IAS 38（par. 86）によれば，当該減少額を費用として認識しなければならない。ただし，当該資産に対する「再評価剰余金」が設定されている場合には，その貸方残高の範囲内で，当該減少額を「その他の包括利益」で認識する必要がある。

3 耐用年数が確定できない無形資産

IAS 38（par. 107）によれば，耐用年数を確定できない無形資産の償却は認められていない。わが国のASBJ（[2010] 3頁）によれば，欧州の大手企業100

社を対象とした調査の結果，耐用年数を確定できない無形資産として，主にブランド，ブランドネーム，商標権およびトレードネーム等が確認されている。こうした耐用年数を確定できない無形資産については，IAS 36の規定に従って，当該資産の帳簿価額と回収可能価額とを比較することにより，毎年および当該無形資産に減損の兆候がある場合にはいつでも，減損テストを行う必要がある（IAS 38, par. 108）。

4 無形資産の処分（認識の中止）

IAS 38（par. 112）によれば，(a)処分時または(b)使用・処分により予定した将来の経済的便益が期待できなくなった時のいずれかの場合に，認識を中止する。無形資産の認識の中止から生じる利得または損失は，正味処分収入額と資産の帳簿価額との差額として算定され，資産の認識を中止したときに純損益に認識するよう求められている（IAS 38, par. 113）。

5 無形資産に関する開示・注記

IAS 38（par. 118）では，無形資産の種類ごとに，「自己創設無形資産」と「その他の無形資産」とを区別して，次の項目について開示することが求められている。

(a) 耐用年数が確定できるか否か，また，確定できる場合，採用している耐用年数または償却率
(b) 耐用年数を確定できる無形資産について採用した償却方法
(c) 期首および期末の帳簿価額および償却累計額（減損損失累計額との合計）
(d) 無形資産の償却額が含まれている包括利益計算書の表示科目
(e) 期首および期末における帳簿価額の調整表

また，次の項目の開示も求められている（IAS 38, par. 122）。

(a) 耐用年数を確定できないと判定した無形資産について，当該資産の帳簿価額および耐用年数を確定できないという判定の根拠となる理由。これら

の理由を示す際に，耐用年数を確定できないと判断した際に重要な役割を果たした要因を記述しなければならない。
(b) 財務諸表上，重要性がある個々の無形資産の詳細，帳簿価額および残存償却期間
(c) 政府補助金を使用して取得し，かつ，公正価値で当初認識した無形資産に関する次の情報
　(i) これらの資産について当初認識した公正価値
　(ii) 資産の帳簿価額
　(iii) 認識後の測定について，「原価モデル」と「再評価モデル」のいずれを用いるか
(d) 権利が制限されている無形資産の存在とその帳簿価額，および負債の保証として担保となっている無形資産の帳簿価額
(e) 無形資産の取得に関し約定した金額

さらに，無形資産を再評価額で会計処理する場合，次の項目について開示する必要がある（IAS 38, par. 124）。
(a) 無形資産の種類ごとの
　(i) 再評価の実施日
　(ii) 再評価した無形資産の帳簿価額
　(iii) 再評価した無形資産を，認識後に「原価モデル」で測定していたとした場合に認識されていたであろう帳簿価額
(b) 無形資産に係る再評価剰余金の期首および期末の金額。期中の変動およびその残高の株主への分配に対する制限を併せて示す。

他方，研究開発支出については，IAS 38（par. 126）では，期中に費用に認識した研究開発支出の合計額を開示するように求めている。

Ⅳ　無形資産に関する実証研究

　主要なIAS 38に関する実証的論点は，自己創設の開発費に関する取扱いである。IAS 38（pars. 52〜64）では，開発費は発生時に費用処理されるが，一定の要件をすべて満たす場合，それを資産として認識する。他方，日本や米国においては，研究開発費はすべて発生時に費用として処理される（「研究開発基準」三，SFAS 2, par. 12, SFAS 86, par. 3）。研究開発費はその膨大な金額のために利益水準や資本市場に対する影響が大きく，それを資産化するか費用化するかの問題は極めて重要性が高い。それゆえ，1990年代より主として米国において，研究開発費の資産性に関する実証研究の成果が蓄積されてきた（たとえば，Lev and Sougiannis［1996］，Lev and Zarowin［1999］，Healy et al.［2002］）[4]。

　しかし，前述のとおり，米国では研究開発費の資産計上は容認されておらず，その是非を検証するには何かしらの仮定に基づくモデルが必要となる。他方，英国，フランス等においては，一定の要件を満たす場合，開発費を資産化することが容認されているため，仮定に基づくモデルを要せず，直接的に開発費の資産化にかかる問題を検証可能である。そこで，本節では，英国企業を対象にして開発費の資産化が将来株価の形成に有用な情報を提供するかどうかを検証したOswald and Zarowin［2007］，フランス企業を対象に開発費の資産化・費用化の選択に関する決定要因および資産化のタイミングを究明したCazavan-Jeny et al.［2011］について検討を行う。

　4）　たとえば，Lev and Zarowin［1999］やHealy et al.［2002］は，資産化は研究開発費のコスト・ベネフィットのマッチングをより適切に表し，それゆえに財務諸表利用者により有用な情報を提供すると主張する。

1 開発費の資産化と株価形成の関連性

英国においては，開発費が一定の要件をすべて満たす場合，それを資産化するか費用化するかの選択が可能である（SSAP 13, pars. 23～25）。Oswald and Zarowin [2007] は，1991年から1999年の期間にわたり，研究開発支出が大きい3セクター（電気機器，機械，ソフトウェアおよびコンピュータ・サービス）に属する英国企業を対象に，開発費の資産化が株価形成に有用であるかを検証している。ここでは，Datastreamに収録され，かつ，検証に必要な変数が利用可能なものをサンプル抽出し，開発費資産額ないし開発費償却費が0ではない場合を資産化企業，そうではない場合を費用化企業として取り扱っている。

彼らは，これらサンプルを利用して，次の式(1)によって開発費を資産化したときの現在利益および将来利益が将来株式リターンに及ぼす影響を明らかにしている。

$$R_t = a_0 + a_1 E_{t-1} + a_2 E_t + a_3 E_{t+1} + a_4 R_{t+\tau} + a_5 CAP_t + a_6 CAP_t \\ \times E_{t-1} + a_7 CAP_t \times E_t + a_8 CAP_t \times E_{t+\tau} + a_9 CAP_t \times R_{t+\tau} \\ + a_{10} MILLS_t + a_{11} MILLS_t \times CAP_t + \mu_t \quad \cdots\cdots (1)$$

ここでは，Eは一株当たり利益であり，期首株価で基準化されている。Rは，配当調整済株価の年次株式リターンである。また，CAPは，開発費を資産化している場合には1，そうではない場合には0をとる変数である。$MILLS_t$は，逆ミルズ比である[5]。ここで注目すべきは$CAP_t \times E_{t+\tau}$であり，この変数にか

---

5) SSAP 13（par. 23～25）において，たとえ開発費が資産化に係るすべての規定を満たしたとしても，その資産化は強制ではなく，代替的な選択適用である。それゆえ，資産化可能な開発費を費用化している企業も存在する。たとえば，ライフサイクルが早期の成長企業は，成熟企業と比べて株式リターンと利益との関係性が弱く，資産化を選択しやすい。このように内生的な要因が，開発費の資産化・費用化の選択に影響している可能性がある。Oswald and Zarowin [2007] は，プロビット・モデルにより資産化・費用化の選択に係る推定モデルから逆ミルズ比（$MILLS$）を推定し，この逆ミルズ比とダミー変数（CAP）の交差項を式(1)に追加することで，自己選択にかかる内生性の問題に対応している。詳細は，Oswald and Zarowin [2007], pp. 714～719を参照されたい。

かる係数 a_8 が，開発費を費用化した場合の利益と比べて，資産化した場合の利益が株価形成に有用な情報を提供するかどうかを示す[6]。

表5－2 開発費の資産化が株価形成に及ぼす影響

説明変数		全サンプル		強制的費用化企業除く	
		偏回帰係数	z 値	偏回帰係数	z 値
E_{t-1}	a_1	－0.29	－2.82	－0.37	－2.32
E_t	a_2	1.10	6.61	1.84	7.96
$E_{t+\tau}$	a_3	0.35	8.29	0.39	5.49
$R_{t+\tau}$	a_4	－0.07	－5.20	－0.07	－4.12
CAP_t	a_5	－0.27	－1.94	－0.09	－0.59
$CAP_t \times E_{t-1}$	a_6	－0.72	－2.40	－0.67	－2.14
$CAP_t \times E_t$	a_7	0.27	0.55	－0.52	－1.74
$CAP_t \times E_{t+\tau}$	a_8	0.25	2.05	0.18	1.76
$CAP_t \times R_{t+\tau}$	a_9	－0.10	－2.46	－0.09	－2.19
$MILLS_t$	a_{10}	－0.04	－1.37	0.01	0.12
$MILLS_t \times CAP_t$	a_{11}	0.17	1.86	0.07	0.64

（出所） Oswald and Zarowin [2007]，P.720 Table 5より作成。

表5－2左列「全サンプル」は，すべてのサンプルを利用して式(1)を推計した結果である。表5－2より，利益反応係数 a_2 およびに将来利益反応係数 a_3 は有意にプラスであり，過去の利益および将来株式リターンにかかる係数 a_1 および a_4 は有意にマイナスである。また，$MILLS_t \times CAP_t$ にかかる a_{11} も統計的に有意であることから，内生変数をコントロールすることの重要性が示唆されている。最も重要な点としては，資産化企業における将来利益反応係数の増分を示す係数 a_8 は0.25と有意にプラスである（z 値＝2.05）。つまり，開発費の資産化は，それを費用化よりも株価形成に有益な情報をもたらすと推計されている。

さらに彼らは，開発費を強制的に費用化しなければならなかった場合を除いて，開発費の資産化・費用化の選択が可能であった企業のみを利用して追加検

---

[6] 開発費を資産化している企業と費用化している企業を同等に比較するため，資産化している場合には，開発費が「仮に費用化された」とした場合の利益を算定することで，それぞれの利益の情報有用性を比較している。

証を実施している。資産化のための要件を満たすか否かの判断は，次の式(2)に基づき峻別される[7]。

$$RD\ VALUE = (MV-BV)/RD\ Expenditures \quad \cdots\cdots\cdots (2)$$

　強制的に開発費を費用化している企業では，その研究開発の効果の不確実性は高く，資本市場はそうした将来キャッシュ・フローを高い割引率で割り引くため，結果として資産化を選択可能な企業よりも $RD\ VALUE$ が小さくなる。ここでは，①$MV<BV$ となる場合，または②$RD\ VALUE$ が開発費を資産化している企業の最小値よりも小さい場合に，資産化の選択ができなかった「強制的費用化企業」とみなし，これら企業を分析から取り除いている。その結果，開発費を費用化している834企業／年のうち245企業／年を除外している。

　表5－2右列「強制的費用化企業除く」は，開発費を資産化できる要件を満たしていなかったと推定される245企業／年を除いたサブ・サンプルを利用して，式(1)を推計した結果である。推計に利用されたすべての企業／年で開発費を資産化するという選択が可能であったとみなされるため，より同一条件で，開発費の資産化と費用化を比較分析していることとなる。

　a_2 と a_3 は全サンプルの値よりも高く，成功可能性が低い場合をサンプルから除いたことと符合する。将来利益反応係数の増分を示す係数 a_8 は0.18であり，全サンプルを利用して推計した場合よりも小さいが，これは，成功企業と失敗企業の差ではなく単に開発費の資産化に関する情報ベネフィットを捉えている。注目すべき係数 a_8 は小さくなっているものの，統計的に5％水準でプラスに有意であり，開発費を費用化するよりも資産化する方がより株価形成に有用であると推計されている。

---

7) 右辺分子は，株式時価総額と株主資本簿価（開発費を資産化している企業の簿価は，かりにそれが費用化されたとして調整を行った株主資本簿価）の差額であり，研究開発によって創出される未認識の経済的資産の推定額となる。右辺分母は，当期研究開発支出ならびに期末研究開発費残高の総和である。より成功の可能性が高い研究開発を行っている企業は，研究開発費1ポンド当たりの経済的資産をより多く創出するため，$RD\ VALUE$ が大きくなる。

2 開発費の資産化・費用化に係る会計方針選択の決定要因

フランスにおいては，自己創設の開発費はIAS 38とほぼ同様の六つの要件を満たす場合には，資産化することが許容されている（CRC［2004］, art. 311～3, par. 2）[8]。Cazavan-Jeny et al.［2011］は，1992年から2001年までの期間でフランス企業を対象に検証を行っている。具体的には，WorldscpoeおよびExtelに収録され，かつ，検証に必要な変数が利用可能である1,060企業／年（228社）[9] を利用して，どのような企業が開発費を資産化するか，また，いつのタイミングで企業は開発費を資産化するかを明らかにしている。

表5－3は，資産化企業と費用化企業それぞれの経済的特徴を明らかにしたものである[10]。表5－3左列より，資産化企業は費用化企業よりも①企業規模（*Size*）が小さいこと，②*ROA*の水準は低いが，その変動は大きいこと，③成長機会（*PTB*）はわずかに大きいこと，④将来の収益（*FTU_ROA3*）は低いことがわかる。他方，表5－3右列は，研究開発集約度に関する記述統計を示す。資産化企業の研究開発費の資産計上額（*RD_ASSET*）は，わずかに0.5％である。売上高に対する研究開発費の割合（*RDS*）も費用化企業の2.55％に比べ，資産化企業は0.35％と小さい。さらに，総資産に対する研究開発支出（キャッシュ・フロー）の割合（*CF_RD*）も，費用化企業2.9％よりも資産化

---

8) IAS 38においては6要件を満たす場合には強制的に資産化しなければならないが，フランスにおける規定では開発費の資産化と費用化については選択適用である。
9) サンプル期間中のフランスの上場企業は1,519社であり，そこから(1)金融セクターに属する，(2)研究開発費を計上していない，(3)欠損値がある，(4)異常値を含む，という4規準でサンプルを抽出した結果である。1,060企業／年のうち，541企業／年で資産化され，519企業／年で費用化されている。
10) 変数の定義は，次のとおりである。*Size*：研究開発費を除く資産の対数値，*ROA*：期首総資産に対する特別項目・優先配当・研究開発費控除前利益，*CV_ROA*：*ROA*の変動係数，*PTB*：期末時点の時価簿価比率，*CAPEX*：資本支出額（開発費資産化企業ではその額を控除した額），*DebtCap*：負債比率，*SAL_GRO3*：*t*期売上高に対する*t*＋3期売上高の割合の対数値，*FUT_ROA3*：将来3期間の*ROA*の平均値，*RD_ASSET*：総資産に対する資産化された研究開発費の割合，*RDS*：売上高に対する研究開発費の割合，*CF_RD*：研究開発費を除く総資産に対する研究開発キャッシュ・フローの割合，*CV_CFRD*：*CF_RD*の変動係数。

表5-3 サンプルの経済的特徴

	資産化企業 N	平均値	費用化企業 N	平均値	t値		資産化企業 N	平均値	費用化企業 N	平均値	t値
Size	541	4.743	519	5.790	8.844	RD_ASSET	541	0.005	519	0.000	6.185
ROA	541	0.071	519	0.111	5.415	RDS (%)	541	0.345	519	20549	-14.424
CV_ROA	541	1.608	519	0.882	-4.286	CF_RD	541	0.008	519	0.029	-11.512
PTB	541	2.770	519	2.452	-1.941	CV_CFRD	541	16.480	519	1.011	11.264
CAPEX	541	6.971	519	6.292	-1.839	CF_RD (費用化企業)	541	0.000	519	0.029	-18.253
DebtCap(%)	541	24.199	519	22.752	-1.339	CF_RD	541	0.003	519		6.044
SAL_GRO3	293	0.282	289	0.292	0.344	(資産化企業による費用化金額)					
FUT_ROA3	266	0.069	275	0.119	6.640	CF_RD	541	0.005	519	0.000	6.985
						(資産化企業による資産化金額)					

（出所） Cazavan-Jeny et al.［2011］，p.151 Table 3 Panel Aより作成。

企業0.8％の方が小さい。総じて，資産化企業は研究開発費集約的ではない産業に属し，研究開発支出の水準が低いという特徴が見受けられる。

開発費の資産化と費用化の選択について，次式(3)によりプロビット推定を行っている。

$$RD\_CAP = \beta_0 + \beta_1 Size + \beta_2 ROA + \beta_3 CF\_RD + \beta_4 DebtCap$$
$$+ \beta_5 CAPEX + \beta_6 CV\_ROA + \beta_7 CV\_CFRD$$
$$+ \Sigma Industry_k + \varepsilon \quad \cdots \cdots (3)$$

表5-4は，式(3)の推計結果である。表5-4モデル(1)の結果より，小規模（Size），低い研究開発費集約度（CF_RD），そして高い財務レバレッジ（DebtCap）という特徴をもつ企業ほど，開発費を資産化すると推計されている。さらに，表5-4モデル(2)から，研究開発費の変動係数が大きい企業ほど開発費の資産化を選好することがわかる。これは，開発費の資産化が利益平準化を促し，財務契約条項に抵触するリスクを軽減することと整合的である。

次に，資産化企業は必ずしも毎期新たな開発費を資産化する必要はなく，いつのタイミングで企業が開発費の資産化を行うかを検証するために資産化企業のみのサブ・サンプルを利用して推計が行われている。推計モデルは，式(4)の

表5-4 開発費資産化の決定要因

説明変数	期待符号	モデル(1) 偏回帰係数	p値	モデル(2) 偏回帰係数	p値
Size	β_1	−	−0.201	0.000	−0.155	0.060
ROA	β_2	−	0.63	0.349	0.100	0.895
CF_RD	β_3	?	−24.322	0.000	−4.986	0.297
DebtCap	β_4	+	0.012	0.061	0.015	0.064
CAPEX	β_5	?	−0.507	0.808	0.025	0.992
CV_ROA	β_6	+			−0.031	0.220
CV_CFRD	β_7	+			0.882	0.000
産業固定効果			yes		yes	
χ^2値			46.141		51.682	
R^2			0.224		0.4753	
No.Obs.			228		228	

（出所） Cazavan-Jeny et al.［2011］, p.154 Table 4 Panel Aより作成。

とおりである[11]。ここで，経営者が赤字や減益を回避する目的で資産化を行うならば，γ_2およびγ_3はプラスになり，資産化は負債比率（ギアリング・レシオ）にも影響を及ぼすため，γ_6もプラスになると期待される。なお，他の変数はコントロール変数である。

$$CAPITALIZE = \gamma_0 + \gamma_1 Size + \gamma_2 Zero\ Benchmark + \gamma_3 Last\ Year\ Benchmark + \gamma_4 ROA + \gamma_5 CF\_RD + \gamma_6 DebtCap + \gamma_7 CAPEX + \gamma_8 IMR + \Sigma Year_k + \Sigma Industry_k + \varepsilon \cdots (4)$$

式(4)の推計結果は，表5-5のとおりである[12]。表5-5モデル(2)から，γ_2およびγ_3はいずれも統計的にプラスに有意であり，研究開発控除前利益

---

[11] 変数の定義は，次のとおりである。CAPITALIZE：企業が資産化企業に分類され，実際にt期に開発費を資産化していれば1，そうではなければ0をとる変数，Zero Benchmark：研究開発費・特別項目控除前利益が研究開発費投資より小さければ1，そうではなければ0をとる変数，Last Year Benchmark：研究開発支出が，当期研究開発費控除前利益と前期研究開発費控除後利益の差額がより大きければ1，そうではなければ0をとる変数，IMR：表5-3で報告されたプロビット推定により得られた逆ミルズ比。

[12] 自己選択バイアスに対処するために二段階推定法が利用されている。一段階目の推計式は式(3)である。

(Zero Benchmark) やその変化額 (Last Year Benchmark) よりも研究開発支出が大きくなるとき，開発費の資産化が行われることが示唆されている。つまり，これは，資産化企業は赤字や減益を回避するために開発費を資産化することを意味する。また，係数 γ_5 がプラスに有意であり，研究開発支出の水準が大きい企業ほど，開発費の資産化を選好し，利益平準化行動をとると推計されている。総じて，経営者は利益水準を調整するために開発費を資産化することが示されている。

3　今後の展望

IAS 38にかかる実証的な論点である開発費の資産化の是非に関して，実際に資産化が許容されている英国とフランスにおけるサンプルを用いて，①資産化と株価形成の関連性，②資産化・費用化にかかる会計方針選択の決定要因を検証した研究を紹介した。そして，①開発費資産化は株価形成に有用な情報を提供し，投資家の意思決定に資すること，②開発費資産化は利益平準化を動機としていることが明らかとなった。開発費資産化は，投資家にそれが成功するか

表5-5　開発費資産化のタイミングの決定要因

説明変数		期待符号	モデル(1) 偏回帰係数	p 値	モデル(2) 偏回帰係数	p 値
Size	γ_1	?	－0.026	0.555	0.005	0.927
Zero Benchmark	γ_2	＋	0.617	0.007	0.605	0.013
Last Year Benchmark	γ_3	＋	0.43	0.001	0.429	0.003
ROA	γ_4	?	0.558	0.359	0.419	0.555
CF_RD	γ_5	?	34.349	0.000	46.838	0.000
DebtCap	γ_6	＋	0.005	0.130	0.003	0.507
CAPEX	γ_7	?	－0.355	0.773	－0.297	0.817
IMR	γ_8	?			－1.731	0.025
年度・産業固定効果			yes		yes	
χ^2値			59.126		40.050	
R^2			0.260		0.281	
No.Obs.			541		521	

（出所）　Cazavan-Jeny et al. [2011]，p. 154 Table 4 Panel Bより作成。

失敗するか，つまり将来の収益性に関する情報を伝達するという点で支持される。

しかしながら，そうした資産化の決定には，情報の信頼性と客観性という視点が極めて肝要となる。今後の研究の展望として，開発費の資産化が利益平準化目的ではなく，真にその成否を基礎に決定されているかの究明が求められよう。

【参考文献】

ASC [1989] *Statement of Standard Accounting Practice 13 (revised) "Accounting for research and development"*. ··SSAP 13
AASB [2008] Discussion Paper, AASB 138, *Initial Accounting for Internally Generated Intangible Assets*, AASB website, (http://www.aasb.gov.au/admin/file/content 105/c 9/ACCDP_IGIA_ 10-08.pdf).
Cazavan-Jeny, A., T. Jeanjean and P. Joos [2011] "Accounting Choice and Future Performance : The Case of R & D Accounting in France," *Journal of Accounting Public Policy*, Vol. 30 No. 2, pp. 1145〜165.
Comitè de la Règlementation Comptable (CRC) [2004] *Règlement 2004-06 Relatif à la Définition, la Comptabilisation et l'évaluation des Actifs.*
FASB [1974] *Statement of Financial Accounting Standards No. 2 "Accounting for Research and Development Costs"*. ···SFAS 2
FASB [1985] *Statement of Financial Accounting Standards No. 86 "Accounting for the Costs of Computer Software to be Sold, Lease, or Otherwise Marketed"*. ··SFAS 86
FASB [2012] *Accounting Standard Codification 330.*
Healy, P., A. W. Stark and H. M. Thomas [2002] "R & D Accounting and the Tradeoff between Relevance and Objectivity," *Journal of Accounting Research*, Vol. 40 No. 3, pp. 677-710.
IASB [2013] *International Accounting Standard 38 (amended 2013) "Intangible Assets"*. ·· IAS 38
Lev, B. and T. Sougiannis [1996] "The Capitalization, Amortization, and Value-relevance of R & D," *Journal of Accounting and Economics*, Vol. 21 No. 1, pp. 107〜138.

Lev, B. and P. Zarowin [1999] "The Boundaries of Financial Reporting and How to Expand Them," *Journal of Accounting Research*, Vol. 37 No. 1, pp. 353～385.
PWC [2013] *Manual of Accounting*, PWC Inform Website.
PWC Inform Website [2014] (https://inform.pwc.com/inform 2/show). Oswald D. R. and P. Zarowin [2007] "Capitalization of R & D and the Informativeness of Stock Prices," *European Accounting Review*, Vol. 16 No. 4, pp. 703～726.

企業会計審議会［1982］「企業会計原則」（最終修正）・・・・・・・・・・・・・・・・「企業会計原則」
企業会計基準委員会［2008］実務対応報告第19号「繰延資産の会計処理に関する当面の取扱い」。
企業会計基準委員会［2010］「第200回企業会計基準委員会　5．無形資産に係る検討について　審議(5)-2　【論点4】耐用年数を確定できない無形資産の取扱い」。
企業会計基準委員会［2013］企業会計基準第21号「企業結合に関する会計基準」（最終改正）・・・「基準21号」
企業会計審議会［1998］「研究開発費等に係る会計基準」・・・・・・・・・・・・・「研究開発基準」
金融庁［2014］「財務諸表等の用語，様式及び作成方法に関する規則等の一部を改正する内閣府令」（最終修正）・・・・・・・・・・・・・・・・・・・・・・・・・・・・・・・・・・・・・「財務諸表等規則」
古賀智敏［2005］『知的資産の会計』東洋経済新報社。
島永和幸［2010］「自己創設無形資産会計に係る当初の会計処理 ― IASB審議提案とAASB討議資料第138号に焦点を当てて ― 」『国際会計研究学会年報2010年度』，135～152頁。

第6章

金融資産会計

I 金融資産の意義・種類

　IAS 32（par. 11）では，金融商品（financial instrument）に関し，「一方の企業にとっての金融資産（financial asset）と，他の企業にとっての金融負債（financial liability）または持分金融商品（financial equity instrument）の双方を生じさせる契約」と抽象的に定義した上で，「金融資産」の範囲については，大きく下記の4項目が列挙されている。

(a) 現金
(b) 他の事業体の持分金融商品
(c) 契約上の権利
　(i) 他の事業体から現金または他の金融資産を受け取る権利
　(ii) 金融資産または金融負債を潜在的に有利な条件で他の事業体と交換する権利
(d) 自身の持分金融商品で決済されるか，または決済される可能性のある契約
　(i) デリバティブズ以外で，可変性の持分金融商品を受け取る義務があるか，その可能性がある契約
　(ii) デリバティブズで，固定額の現金または他の金融資産を固定数の持分

金融商品と交換する以外の方法で決済されるか，またはその可能性がある契約

　他方，わが国の「基準10号」（4項）では，金融商品に関し，抽象的な定義ではなく具体的な項目により範囲を画しており，金融資産についても，「現金預金」，受取手形・売掛金・貸付金等の「金銭債権」，株式その他の出資証券および公社債等の「有価証券」ならびにデリバティブ取引により生じる「正味の債権」等としている。実質的な観点から見れば，IAS 32とわが国の「基準10号」において，金融商品あるいは金融資産の意義・種類に基本的な差異はない。

　「金融資産」は，流動・固定の貨幣性資産（金融投資）であるが，一般的に複雑になりやすいことから，大きく三つの範疇（①IAS 32，②IFRS 9・IAS 39，③IFRS 7）にまとめて規定されている。すなわち，①IAS 32は，財務諸表における「金融商品の表示」に関し，その定義や範囲等を規定している。また，②「金融商品の認識・測定」を規定したIAS 39においては，三つのプロジェクト（分類・測定，減損，ヘッジ）によるIFRS 9への改訂が行われている。さらに，③IFRS 7では「金融商品の開示」について規定しており，IAS 39改訂プロジェクト等の進展に応じた見直しが随時行われている。広範な分野で見直しが進む金融資産会計のうち，近年におけるIAS 39改訂（IFRS 9策定）プロジェクトを中心に，これと関連するIFRS 13「公正価値測定」やIFRS 7「金融商品：開示」まで射程に入れて論じることにする。

II　金融資産の分類・測定

　2008年のIASB討議資料（IASB［2008］p. 5）では，金融商品会計の複雑性の低減に向けて，中期的にはIAS 39の分類方法を見直し，長期的には金融商品のすべてを公正価値で測定することを目的としていた[1]。その後，討議資料

---

1) 近年，IASB幹部等から，IASBが公正価値を重視しているとの「誤解」がある旨の説明が繰り返し行われているが，IASB［2008］のみならず，「収益認識」，「保険契約」，「リース」などを巡る当初提案等においても，明らかに公正価値拡大に傾斜

への157通のコメントや、金融危機に伴い設けられたIASB・FASBへの諮問機関である金融危機諮問グループの報告書（FCAG［2009］）なども踏まえつつ、金融商品の測定属性としては「混合属性会計モデル」を当面維持する方向性が確認された。こうした中、IAS 39改訂（IFRS 9策定）プロジェクトのフェーズ1となる「金融商品の分類・測定」では、混合属性会計モデルの下で、2009年11月に金融資産に関しIFRS 9「金融商品」として基準化されたが、2012年11月には、適用上の論点や保険契約プロジェクトとの関連等を考慮し、幾つかの限定的改訂案（IASB［2012a］）が公表された。

従来のIAS 39では、金融商品を「経営者の意図」による保有目的等で区分して測定方法を定めていたが、IFRS 9では、「ビジネスモデル」等のより客観的な基準により、「償却原価」と「公正価値」を基本とした分類に簡素化することが標榜されている。すなわち、従来のIAS 39の保有目的等に基づく4分類（①純損益を通じて公正価値で測定される金融資産＜売買目的保有等＞、②満期保有投資、③貸付金および債権、④売却可能金融資産＜①～③以外のその他＞）を見直し、次のように「ビジネスモデル要件」と「キャッシュ・フロー要件」に基づく分類方法が採用されている（IFRS 9, par. 4.1, IASB［2012a］par. 4.1.2 A）。

① ビジネスモデル要件：
(a) 契約上のキャッシュ・フローを回収するために、資産を保有することを目的とするビジネスモデルに基づいて資産を所有する。
(b) 契約上のキャッシュ・フローの回収・売却の両方の目的とするビジネスモデルに基づいて資産を所有する。
② 契約上のキャッシュ・フロー要件：
金融商品の契約条件により、元本および元本残高に対する利息の支払い

した議論が展開されてきた（秋葉［2013］56頁）。IFRS 9においても、非上場株式に公正価値測定が拡大されている。そうした当初提案に対する根強い国際的批判を受けて、IASBは提案を後退（現実化）させてきたというのが正しい理解ではなかろうか。

のみから成るキャッシュ・フローが特定の日に生じる。

「ビジネスモデル」はIFRS 9で新たに設けられた用語であり，当該要件は，金融商品のポートフォリオごとに，経営者の保有意図に基づく選択ではなく，事業体で管理された情報が経営者に提供される方法を通じて観察可能な事実に基づいて判断される（IFRS 9, par. B 4.1.2, IASB [2013b] par. 9.25）。すなわち，従来のIAS 39のように，経営者の意図ではなく，金融資産の管理の実際が組織体のガバナンス構造に基づく意思決定のあり方によって証拠付けられる点で，ビジネスの実態を基礎とした事実認識の問題となった（IASB [2012a] pars. B 4.1.2 A ～ B）。ただし，ビジネスモデルも経営者意図も企業固有の問題として類似概念であり（EFRAG [2013] p. 12），ビジネスモデルの決定も所詮経営者の判断であるとの見方も可能である（ICAEW [2010] p. 12）。このため，今後の運用実態（とりわけ「ビジネスモデルの変更[2]」）については注視していく必要があろう。

前述した二つの要件の充足状況に応じて，償却原価と公正価値を基本として以下のとおり三つのカテゴリーに分類される。2009年に最終基準化したIFRS 9では，①「償却原価評価」と②「純損益を通じた公正価値評価」の2分類としていたが，保険契約負債評価との会計上のミスマッチを緩和する目的等から直近の限定的修正案において，③「その他の包括利益（以下，OCIという）を通じた公正価値評価の区分」が追加されている[3]。持分金融商品の評価差額に対して2種類の処理（純損益とOCI）が認められていることも相まって，IAS 39

---

[2] 分類は当初認識時に決定され，企業のビジネスモデルが変更された場合に再分類が要求されるが，それ以外の再分類は禁止される（IFRS 9, par. 4.4.1）。

[3] 「金融商品会計プロジェクト」とは別に進められている「保険会計プロジェクト」において，割引率の変動により生じる保険負債の測定の変動がOCIにおいて認識される方向で議論が進められている中にあって，限定的修正案（IASB [2012a]）以前のIFRS 9では，債券の評価差額はOCIで認識できなかったため，保険負債の測定属性とのミスマッチによる資産負債管理（ALM）面での不整合が懸念されていた（越智 [2012] 100頁）。こうした状況も踏まえ限定的修正案が出され，追加された分類（OCIで公正価値評価）の評価差額の一部は金利変動を反映したものとなった結果，ALM上も保険負債評価と一定程度整合することになった。

の4区分からの簡素化の目論見はかなり後退した感は否めない。

① 償却原価評価（IFRS 9, par. 4.1.2）

ビジネスモデル要件の(a)（キャッシュ・フローの回収目的のみ）に該当し，かつ，キャッシュ・フロー要件（元本・利息の支払いのみ）を満たした場合に，償却原価区分に分類する。

② 純損益を通じた公正価値評価（IFRS 9, par. 4.1.4）

ビジネスモデル要件（(a)（キャッシュ・フローの回収目的のみ）ないし(b)（キャッシュ・フロー回収・売却目的））を満たさないか，契約上のキャッシュ・フロー要件を満たさない場合に，純損益を通じた公正価値に分類する。このため，持分金融商品である株式はキャッシュ・フロー要件を満たさないので，すべて公正価値で測定され，公正価値の変動は損益として認識されるのが原則である。その際，トレーディング目的以外の持分金融商品の場合には，例外的に公正価値の変動をOCIで認識する選択肢がある（IFRS 9, par. 5.7.5）。この選択を行った場合には，その後に当該持分金融商品を売却したとしても，公正価値変動の損益の振替処理（リサイクリング）は禁止される。

③ OCIを通じた公正価値評価（IASB [2012a] par. 4.1.2 A）

ビジネスモデル要件の(b)（キャッシュ・フロー回収・売却目的）に該当し，かつ，キャッシュ・フロー要件を満たした場合に，OCIを通じた公正価値測定に分類する。この分類では，公正価値と償却原価の差額がOCIに計上され，売却された場合にはOCIからリサイクルが行われる。

前述したように，同じOCIを通じた公正価値測定であっても，「持分金融商品のOCIオプション」と「IFRS 9の限定的修正案で容認したOCI項目」とでは，リサイクリングの取扱いが異なる。このように，リサイクリングに関し整合性を欠く結果は利益概念を曖昧にし，IFRS全体の体系性にも疑義を生じかねない。金融資産会計に限られた問題ではないが，IFRSの課題であると同時に，わが国の対応のあり方自体も問われている。この問題については，2013年7月に発表されたIASB討議資料「財務報告に関する概念フレームワークの見直し」

(IASB [2013b])の第8章「包括利益計算書における表示 ― 純損益とその他の包括利益」において，当期純利益とOCIに認識される項目は何によって区別されるのか，そしてOCIに認識した項目のうちどの項目を，いかなる理由でリサイクリングするのかという論点が検討されている。

　IASB [2013b] では，まず，当期純利益の定義や直接的な記述によるのではなく，OCIに認識できる項目の種類による記述を提案している。その上で，リサイクリングについては，「アプローチ1」（リサイクリングの禁止），「アプローチ2A」（OCIに対する狭いアプローチ[4]），「アプローチ2B」（OCIに対する広いアプローチ[5]）の三つのアプローチを検討している。ただし，「アプローチ2A」で「橋渡し項目」と「ミスマッチのある再測定」に該当しないOCI項目に関し，「アプローチ2B」で「一時的な再測定」に該当する場合であっても，リサイクリング調整によるコストと複雑性を正当化するのに十分な目的適合性ある情報を提供しないケースには，リサイクリングが行われない可能性も残されている。リサイクリングが行われず，クリーン・サープラス関係が損なわれると，将来の利益を通じて将来のキャッシュ・フローを予測することの合理性が根底から揺らいでしまう（米山 [2014] 49頁）。したがって，「持分金融商品のOCIオプション」の公正価値変動を含め，リサイクリングの漏れが生じることがないような取扱いが望まれる[6]。

---

[4] 「橋渡し項目」（純利益の決定に使用する測定値と財政状態計算書に使用する再測定値との差額）と「ミスマッチのある再測定」（リンクした取引の相殺取引のうち，一方がまだ認識されていない場合）のみをOCIへ認識し，リサイクリングするとの見解。

[5] 「橋渡し項目」と「ミスマッチのある再測定」に加え，「一時的な再測定」（資産の実現や負債の決済が長期間にわたり，当期の再測定が所有期間中にすべて元に戻るなどの場合）がOCI適格となるが，リサイクリングされるのは目的適合性に合致した場合に限られるとの見解。

[6] 項目毎にOCI処理の根拠を問う以前に，むしろ理屈の上では当期純損益（およびOCI）の定義による解決に向けて検討が深められなければならない。この点に関し西川 [2013] では，当期純損益を「企業の生産活動に関する不可逆的な成果」と定義しており，包括利益と純損益は本質的には時点の相違であるため，OCIを連結環としてリサイクリングは自動的に達成される結果，リサイクリングしない項目は存

他方で，IAS 39では，信頼性をもって公正価値測定できない場合（非上場株式等）には，取得原価による測定を容認する規定が設けられていたが，前述したように，2009年に最終基準化されたIFRS 9の分類要件の段階から，非上場株式も公正価値で測定される。IFRS 9（par. B 5.4.14）では，公正価値の算定に当たり十分な情報が入手できない場合，または測定された公正価値の範囲が広く，当該範囲の中で取得価額が公正価値の最善の見積りを表す場合に限り，取得原価が公正価値の最善の見積りと考えられるとする。しかし，IFRS 9（par. B 5.4.15）では，公正価値の代替として取得原価を用いることが相応しくない例を示しているだけでなく，その付属文書（IFRS 9, par. BC 5.18）の中で，金融機関等の持分投資については，取得原価が公正価値の最善の見積りとみなせる状況に該当することはないと明言している。こうした状況下，政策目的の非上場株式のエクスポージャーが相対的に大きい日本の金融機関にとって，その公正価値の測定可能性あるいは信頼性に対する懸念が解消したわけではない。

わが国では，IFRS 9における非上場株式の公正価値測定の是非について，企業会計審議会［2013］の方針を受けたASBJが，わが国の諸事情を考慮したエンドースメントに関する検討を深めている。本稿執筆時点（2014年6月末）において正式な結論が決定されているわけではないが，この点に関し見直しの経緯を振り返りつつ，留意点について論及したい。

IASBは，IFRS 9の原初基準化（2009年11月）に際し，非上場株式の公正価値測定が信頼性に欠けるとの批判に対しては，公正価値測定のプロジェクトにおける適切な測定技法とインプットにより信頼性を確保するとしていた（par. BC 5.17）。しかし，2011年5月にIFRS 13「公正価値測定」が最終基準化された後も，非上場株式測定の信頼性を巡る国際的批判が解消しないことから，IFRS財団スタッフは評価専門家グループの支援を受け，2012年12月にIFRS 13を支援する教材として，『IFRS 9「金融商品」の範囲内の市場価格のない持分金融商品の公正価値測定に係る教材』（IASB［2012b］，以下『教材』と略す）

在しないことになる。

を公表した[7]。『教材』は適切な評価技法を選択する際の考慮事項や技法選択の思考にも触れているが（IASB［2012b］pars. 2 and 13），特定の評価技法の使用は強制せず，「専門的判断」を行使して合理的に利用可能な事実と状況を考慮することを推奨している（IASB［2012b］par. 2）。これは，基本的にIFRS 13と変わりがない。また，そうした判断に際しては，複数の評価技法を検討し，結果を比較することが求められる可能性を指摘するとともに，一定範囲の評価額の中で公正価値を最もよく表す金額を選択する際，各技法による評価結果のウエイトを決定するため，①評価額の範囲の合理性，②インプットの相対的な主観性，③個別の事実と状況を考慮する（IASB［2012b］pars. 14〜15）と明記している。

　ここで，「専門的判断」に際し各評価技法の結果のウエイトを考慮する（たとえば，各技法の結果に0.7とか0.3を乗じて加重平均する）のは，M＆A等の査定・評価実務において，当事者合意価格形成に向けて一般に行われている実務的便法である。しかし，ウエイトの置き方に定式化された株式鑑定理論が存在しない中では，科学（金融工学）というよりも業界特有のアートと言わざるを得ない。換言すれば，主観的な操作余地が極めて大きく，監査可能性も乏しい（越智［2013］14頁）。売買交渉でもなく紛争解決の場でもない会計測定に，こうした評価実務を採り入れるには，その弊害を念頭に，慎重に有用性の検討を進めなければならないと考えられるが，『教材』にはこの点に踏み込んだ記述はない。

　未成熟な評価理論（モデル）の下での主観的な操作余地の大きさは，会計測定における恣意的な過大（過少）評価の恐れ，これに対する監査による歯止めの喪失懸念を惹起する。すなわち，未成熟モデルによる公正価値評価のように測定硬度が低すぎると，経営者の見積りはもとより，評価のサポートを行う外部専門家においても相当に裁量的な評価の幅が許容されることにもなる[8]。さ

---

7) 『教材』は，IASBに承認されたものでなく強制力は存在せず，関係者が持分金融商品の公正価値測定に習熟するための情報提供が目的とされる。

らに，測定基準としてのみならず，監査人の実質判断の拠り所としても，機能不全に陥りかねない。わが国では，市場価格のない持分金融商品（非上場株式）のエクスポージャーが相対的に小さい事業会社を中心に，重要性の判断基準を設けるなどして取得原価の採用により実務負担をミニマイズし得るとの議論も少なからずみられる。しかし，本件は影響の大きい金融機関を念頭に論ずべき分野であり，先述したように，IFRS 9（par. BC 5.18）では，金融機関等の持分投資に関して，取得原価は公正価値の最善の見積りとはなり得ないとしていることに留意しておかなければならない[9]。

Ⅲ　金融資産の減損

　IAS 39における減損の認識は「発生損失モデル」（incurred loss model）に基づいており，減損の客観的な証拠がある場合に減損損失を認識する。「減損の客観的証拠」には，債務者の重大な財務的困難や債務不履行，借手の経済的困難による貸出条件緩和，破綻もしくは財政再建が必要な状態になる場合などの事象が含まれる（IAS 39, par. 59）。企業はまず，個別に重要な金融資産に

---

[8]　わが国で2011年に発覚したオリンパス事件においては，複数ベンチャー企業の株式につき実態を大幅に上回る価格で買収し，その資金をバブル崩壊時期に生じた簿外損失の穴埋めに還流させていたが，そのような法外な価額設定は外部専門家による価値算定報告書に基づくものであった。当該専門家が会社の非常に楽観的な前提条件を所与のものとして過大評価に至ったインセンティブ構造は，金融危機の引き金となったサブプライムローン問題において，米欧格付会社によりCDO（債務担保証券）のデューデリジェンスが行われず，結果的に高格付けが乱発されてしまった構図（越智［2012］35～53頁）と非常に似ている。

[9]　なお，「欧州財務報告アドバイザリーグループ」（EFRAG）は，IFRS 9において公正価値で測定される金融商品が拡大していることなどから，IFRS 9の承認に向けた助言の提示を2009年以降延期しており，現時点においてIFRS 9は欧州では未だエンドースされていない。企業会計審議会による欧州実態調査によれば，公正価値会計を金融資産に適用する場合であっても，モデルに基づく計算（Mark to Model），なかんずく非上場株式の公正価値評価には懸念があるという指摘が多かったとされる（企業会計審議会［2012］37頁）。

ついて，減損の客観的証拠が存在しているかどうかを検討し，個別には重要でない金融資産については集団的に検討する（IAS 39, par. 64）。以降の期間において，減損損失の金額が減少し，その減少が減損を認識した後に発生した事象（たとえば，債務者の信用格付の改善など）に客観的に関連付けられる場合には，以前に認識された減損損失は，直接的にまたは引当金勘定の修正により戻し入れなければならない（IAS 39, par. 65）。

このように，「減損の客観的証拠」が発生しない限り，予想される損失に対して減損を計上できないという特徴のため，IAS 39の下では，減損の客観的証拠の発生前の期間における利息収益の過大計上（front-loading）や，減損の認識の遅れといった問題が指摘された。とりわけ，先般の金融危機において，減損を示す客観的証拠（減損トリガー）を起点に一気に損失が認識され，あたかも崖から落ちるような影響（cliff effect）を業績に与え，「景気循環増幅効果[10]」（procyclicality）を助長したなどの批判に晒され，G 20首脳会議等からは，よりフォワードルッキングな情報を用いた代替的手法の開発が勧告された。これを受けて基準設定主体サイドでは，IAS 39改訂プロジェクトの一部として，償却原価および減損に関する見直し事項をIFRS 9に取り込むこととなった。

こうした中，IASBが2009年11月に公表した公開草案（IASB［2009a］）では，金融資産の全期間に亘る信用損失を含む期待キャッシュ・フローにつき，各測定日に見積もり直す「期待損失モデル」（expected loss model）が提案された。たとえば，景気の悪化（改善）に先んじる形で経営者が徐々に景気の悪化（改善）を見込んで，毎年少しずつ先行きの信用損失の期待を修正する場合，「発生損失モデル」では，現実の景気悪化（改善）に伴う毀損率の上

---

[10] 貸倒引当金のプロシクリカリティとしては，景気悪化(好転)→引当増(減)→利益減(増)→自己資本減(増)→貸出減(増)→更なる景気悪化(好転)といった流れが想定される。なお，貸倒引当金に関連した日・米・加の簡単なデータ比較を行ってみると，金融危機の震源地であった米国では，貸倒引当金と未処分利益，および貸倒引当金と銀行貸出との間に負の関係がある程度認められた一方，金融システムが比較的安定していた日本やカナダにおいては，そうした関係性は窺われなかった（越智・諸田・米谷［2010］15～19頁）。

昇（低下）という客観的証拠によって信用損失が増加（減少）することになる。これに対し、「期待損失モデル」では、現実に景気悪化（改善）が進む前に、予め、将来時点（満期まで各期）の資産価値の毀損率に関する予想が毎期改定されるので、景気悪化（改善）が進むにつれ、信用損失額はむしろ減少（増加）し、景気循環と逆に動いていくことから、一定の「景気循環抑制効果」(countercyclicality) を生むのではないかと考えられたのである。ただし、「期待損失モデル」の下では、信用損失を考慮した期待キャッシュ・フローの推定に経営者の判断や仮定を多く必要とするため、測定の操作可能性が大きくなるという特徴がある[11]。

IASBの公開草案に対しては、実行可能性上の難点、実務上の懸念が国際的に多く寄せられた[12]。そこでIASBは、2011年1月に補足文書（IASB [2011a]）を発表し、オープン・ポートフォリオへ適用可能なモデルを新たに提示する一方で、オープン・ポートフォリオを構成しない金融資産の減損や信用損失の測定方法等については、今後の検討課題とした。補足文書は減損の認識方法に関し、オープン・ポートフォリオをgood bookとbad bookに分類したうえで、bad bookでは期待損失額全額を貸倒引当金として計上する一方、good bookについては、①期待損失を期間按分する方法により算出した金額と②予測可能な将来における期待損失のいずれか大きい金額を貸倒引当金として計上する（IASB [2011a] par. 2）。実務界の要請も踏まえ、実効金利の算定に期待損失を織り込む方法を修正し、期待損失の配分を利息認識とは分離している。

---

11) 具体的な数値例を交えてシミュレーションを行ってみると、公開草案の「期待損失モデル」では、経営者の主観的見積り次第で各期に測定される減損損失が、景気循環抑制効果をもたらす場合もあれば、ボラタイルに変動する場合もあるとの結果が得られた（越智・諸田・米谷［2011］109～112頁）。
12) 金融商品の残存期間にわたり確率加重平均ベースで将来キャッシュ・フローを見積もるのは、金融機関で一般的な常にポートフォリオ内で債権の入れ替えが発生するオープン・ポートフォリオを前提とした債権管理では適用困難であることに加え、実効金利に信用損失を織り込むように見積もることの複雑性なども指摘された。

ところが，補足文書にも強い批判が寄せられた[13]。そのため，2011年央以降，基準設定主体サイドでは，good bookとbad bookに基づいたアプローチを修正する方向で，信用の毀損状態に応じて三つのバケット（区分）の分類により引当金の認識時点が決まるという「3バケットアプローチ[14]」を有力候補として2012年7月まで議論してきた。しかし，「バケット1」は1年間の期待損失を見積もるのに対し，「バケット2・3」は全期間の期待損失を見積もる点に関し，FASBがその後のアウトリーチ結果に基づいて，理解可能性，実行可能性，監査可能性等の面で，二つの会計処理の混在に米国の関係者が大きな懸念を抱いている旨を報告し，「3バケットアプローチ」を否定するに至った。

　FASBは2012年12月に独自に会計基準更新書案（FASB［2012］）を公表し，代替的なアプローチである「現在期待信用損失モデル」（current expected credit loss model）を提案した。ここで「期待信用損失」とは，認識された金融資産等から「回収が期待されない契約上のキャッシュ・フロー」の現在の見積りであり，FASBは，「12か月の期待損失」，「満期までにわたる期待損失」の二つの測定目的に立脚せず，単一測定目的に基づいている[15]。一方，IASBは2013年3月に，それまでのアプローチを踏襲した「3ステージモデル」に基

---

13) good bookに係る二重計算は，運用上困難であり，「予見可能な将来」という用語について首尾一貫した適用を確保するのに十分な定義をしていないなどの指摘があった（IASB［2013a］par. BC 10）。

14) 優良債権である「バケット1」（信用度が当初認識以降に著しく悪化していない等）は，先行き12か月の期待損失の引当を行う。これに対し，中間的債権である「バケット2」（信用度が当初認識以降に著しく悪化しているが，信用減損事象の客観的根拠がない），不良債権である「バケット3」（減損の客観的証拠が存在）については，全期間の期待信用損失を認識する。このため，信用の悪化（回復）の程度に基づき，信用損失引当金について二つの異なる測定目的が導入されることになる。

15) 見積りに際しては，過去の事象，現時点の状況，合理的で裏付け可能な予測ならびに期待損失に対するそれらの影響といった期待損失の見積りに関連する企業内外のすべての情報を利用し，将来の事象の考慮も求められるため，損失の発生の可能性が高くなる（probable）まで信用損失を行わない従来実務から大きく変更されることになる。また，すべての対象金融資産について全期間の期待信用損失の認識が求められるため，その引当額は「3ステージモデル」より大きくなる。

づく改訂公開草案（IASB［2013a］）を公表した。その後も双方の溝は埋まらず，結果的にはIASBとFASBのコンバージェンスは断念され，IASBは2014年中に「3ステージモデル」をベースとした提案を最終基準化する方向にある。

金融資産の減損を巡る国際的な議論の混迷の遠因としては，基準設定主体がマクロ経済政策への貢献に踏み出したこととも無縁ではなかろう。確かに，IASB公開草案等では，政治的中立性からプロシクリカリティに明示的な言及はなされておらず，主要な目的は，より有用な情報を提供することにあり，そのことを通じて現在実務で生じている複雑性にも対処している（IASB［2013a］p.4）。しかし，基準設定主体の提案する「期待損失モデル」が，引当タイミングの遅延という問題の解決に向けて政治的要求にも応えようとするものであることは，常識的には前後の経緯等から明らかであろう[16]。

会計はマクロ経済政策に貢献すべきなのか，それとも政策決定主体に材料を提供することをもって会計の役割は十分と考えるのか，難しい問題である。仮に政策科学としての役立ちを会計に求めるとしても，主観的な予測を介在させ実体経済に影響を与えることで実現しようとする政策目的（プロシクリカリティの抑制）が，市場の反応を先読みする経済主体（経営者等）の裁量により覆されてしまう可能性[17]にも留意しつつ，当該予測を合理的に裏付可能なものにしていく取組みが重要となろう。なお，経営者の将来予測を極力加味した方が会計情報の有用性が高まるという見方がある一方で，目的適合性を勘案するにしても経営者が恣意的に操作可能かつ監査不可能な情報は排除した方が，信頼性とともに有用性も高まるという見方も可能であり，いずれの見方が適切

---

16) なお，IASB議長は再公開草案の公表に際し，「G20の繰返しの要請に合わせて，この重要なプロジェクトを速やかに最終確定することを望んでいる」と述べている（https://www.asb.or.jp/asb/asb_j/iasb/ed/comments20130307.jsp）。

17) Wahlen［1994］では，銀行が業績のシグナリング目的で貸倒引当金繰入額を裁量的に増加させることが実証されており，越智・諸田・米谷［2011］では，情報インダクタンス（経営者の発する財務情報に対する市場の反応予想が，予め経営者の情報発信や企業行動を規定）の視点から，減損の主観的見積りを巡る経営者と市場の行動に関してゲーム論を使った分析・論証を行っている。

かは実証すべき課題となる（大日方［2013］302頁）。同様に，政策科学への役立ちを追及する場合にも，基準策定（変更）の実体経済への影響，有効性に対する事後検証が不可欠であると考えられる。

Ⅳ　ヘッジ会計

　ヘッジ会計とは，ヘッジ取引のうち一定の要件を満たすものについて，ヘッジ対象に係る損益とヘッジ手段に係る損益を同一の会計期間に認識し，ヘッジの効果を会計に反映させるための特殊な会計処理をいう。IASB［2008］では，公正価値ヘッジが不要となる金融商品への「全面公正価値会計」も長期的に展望していたが，金融危機後に策定されたIFRS 9では「混合属性会計モデル」が維持されており，これに伴い，ヘッジ会計の改善・簡素化の現実的な必要性等が改めて浮かび上がってきた。すなわち，IAS 39のヘッジ会計は細則ベースであり，企業のリスク管理目的に基づいてリスクを経済的にヘッジした事実の財務諸表への反映を難しくしていたため，IASBはIAS 39改訂プロジェクトのフェーズ3として，より目的適合的なアプローチを採り入れる方向で検討を重ねてきた。

　ヘッジ会計の見直しについては，2010年12月に公開草案が提案された後，2013年11月の最終基準化に伴いIFRS 9「金融商品」に組み込まれた[18]。そこでは，投資家による将来キャッシュ・フローの理解に資するため原則ベースの規定に置き換えるとともに，リスク管理目的のために企業内部で生成される情報を用いる視点等からの規定が盛り込まれている。そこで規定されたヘッジ会

---

18) クローズド・ポートフォリオにおけるヘッジ会計に関する基準であり，銀行などの金融機関に大きな影響があるオープン・ポートフォリオでのマクロヘッジは取り扱われていない。マクロヘッジについては，別途の討議資料が2014年4月に公表されたが，IASBは2012年5月に，「マクロヘッジ活動の会計」プロジェクトをIFRS 9プロジェクトから切り離し，マクロヘッジ会計が最終基準化されるまで，企業はIAS 39のポートフォリオ公正価値ヘッジ会計に関する規定を引続き適用できることを決定している。

計の目的は，純損益に影響を及ぼす特定リスクから生じるエクスポージャーを管理するために，金融商品を用いて行う企業のリスク管理活動の効果を財務諸表上で表現することと明確に定義された（IFRS 9, par. 6.1.1）。

IFRS 9とIAS 39との対比では，ヘッジ取引の3タイプ（公正価値ヘッジ，キャッシュ・フローヘッジ，在外営業活動体に対する純投資のヘッジ）などの基本概念は維持されているが，ヘッジ活動をリスク管理活動と合致したものとする観点から，以下に述べるとおり，①適格なヘッジ手段，②適格なヘッジ対象，③有効性評価などに関する要件が従来に比べ緩和される一方，④リスク管理活動の変更がない状態でのヘッジ会計の任意の中止が禁止され，その代わりリスク管理活動に合致した「バランス再調整」（rebalancing）が導入されている（IFRS 9, pars. 6.2～6.5）。

① ヘッジ手段の適格性

　非デリバティブ商品に関してIAS 39ではヘッジ手段として不適格とされていたが，IFRS 9では，公正価値の変動を損益計上するものは原則としてヘッジ手段として指定できることになった。

② ヘッジ対象の適格性

　IAS 39は，非金融商品については為替リスクについてのみヘッジ対象として適格としていたのに対し，IFRS 9では，リスク要素が独立して認識可能であり，かつ信頼性をもって測定できる場合には，ヘッジ対象として適格とされている。このため，非金融商品に対する構成要素ごとのヘッジ対象としての指定が可能となり，ある商品の価格全体の変動リスクが複数の価格変動リスクから構成されているときに，企業がその中の特定のリスクに関する公正価値変動についてのみデリバティブを用いてヘッジすることが可能となる。

③ ヘッジの有効性評価

　IFRS 9では，ヘッジの有効性テストに関するIAS 39の数値基準（80～125％）を廃止する一方で，以下の三つの要件を掲げた。

(a) ヘッジ対象とヘッジ手段との間に経済的関係が存在しなければならない。

(b) 信用リスクの影響が経済的関係から生じる価値変動を著しく優越してはならない。

(c) ヘッジ比率は，リスク管理目的を満たすうえで企業が実際に用いるヘッジ対象とヘッジ手段の数量に基づいて指定しなければならない。

④ ヘッジの中止

　IAS 39が任意にヘッジ指定の取消しを行うことを認めていたのに対し，IFRS 9では，ヘッジ関係が報告企業のリスク管理目的を反映しなくなった場合に限り，ヘッジ会計の中止が要求される。このため，ヘッジ関係が報告企業のリスク管理目的を反映し続けている場合には，ヘッジ比率を調整することによりヘッジ関係をバランス再調整し，既存のヘッジ関係の継続として会計処理される。これは，IAS 39のようにヘッジ関係全体を非有効として中止してしまう会計処理よりも，発生した差額部分（非有効部分）だけを中止し，有効部分についてはヘッジ関係が継続しているとして会計処理する方が，企業のリスク管理行動をより反映するという考え方に基づいている。

　IFRS 9については，マクロヘッジ・プロジェクトが完了するまでの間，IAS 39との選択適用が可能となっているが，特にヘッジの有効性判定が現行の数値基準（80〜125％）から大きく変更されるだけに，わが国の事業会社においてもIFRS 9の下でヘッジ会計の要件を満たすかどうかの実務的検討を進めておくことは有益であろう。とりわけIFRSでは「公正価値ヘッジ」の利用が主流である一方，日本基準では，同様の効果をもたらす「時価ヘッジ」は例外的処理と位置付けられており，あくまで「繰延処理」が原則とされている。事業会社のリスクマネジメントとしてのヘッジ活動が，新しいヘッジ会計の下でも整合性がとれるように，ヘッジ関係に指定される項目の適格性とともに，過去にヘッジ会計を適用できなかったヘッジ活動の背景，リスク管理の実態が財務諸表に反映できない状況の解消可能性などの分析を通じ，必要に応じリスク

管理戦略の再検討を進める余地もあろう[19]。

　そうした取組みを通じて、ヘッジ会計の適用がより柔軟に行えるようになれば、企業の行うリスク管理活動とヘッジ会計手法の連携が改善され得る。そのことは、投資家が企業のリスク管理活動を理解し、将来キャッシュ・フローの金額、時期、不確実性を評価するのに役立つ可能性がある。ただ、その前提となる企業のリスク管理活動については、それらが適切に整備されていることを前提としているが、そもそも会計・開示基準によりどの程度の整備が要求されるのかの共通理解が得られなければ、財務諸表作成者と監査人が想定する整備の水準に乖離をもたらす可能性もある（日本公認会計士協会［2011a］1頁）。これは「原則主義」や「マネジメント・アプローチ」に通底する問題であり、後述するように、リスク情報の注記などにおいても、経営判断の合理性を監査人はどのように評価し得るのかという同種の課題が浮上する。目的適合的な要求事項の多くは監査において特に網羅性の監査証拠の入手が困難である（日本公認会計士協会［2011b］3頁および6頁）ことも踏まえ、経営判断に係る監査可能性を念頭に会計・開示基準を明確化していく努力が必要となろう。

V　金融資産に関する開示

　IFRS 7「金融商品：開示」は2005年8月に公表されたが、IFRS 9（改訂前IAS 39）を適用する報告企業を前提としているため、その見直し等に伴い、幾度かの改訂を経て現在に至っている。その規定は詳細に及んでいるだけに、IFRS 9の動きにつれて今後とも可変的な内容を含んでいるが、基本的にIFRS 7の目的は、以下の二つの事項を財務諸表利用者が評価できるように、財務諸表上の開示を企業に要求することにある（IFRS 7, par. 1）。

---

19)　IFRS 9 (par. 6.4.1) では、企業がヘッジ手段とヘッジ対象との間にヘッジ関係を指定することを認めた上で、ヘッジ関係の開始時において、ヘッジ関係ならびに企業がヘッジを行うリスク管理目的・戦略に関する公式の指定および文書化がなされていることを適用要件の一つとして求めている。

① 企業の財政状態および業績に対する金融商品の重要性
② 企業が当期中および報告期間の末日現在でさらされている，金融商品から生じるリスクの性質および程度ならびに企業の当該リスクの管理方法

IFRS 7 (pars. 7～42H) では，開示目的に対応して開示項目が規定されており，その中で金融資産等から生じるリスクエクスポージャー（信用リスク，流動性リスク，市場リスク）に関する定量的・定性的情報の開示を求めている (IFRS 7, pars. 31～42)。定量的開示については，財務諸表の作成者にとってリスクを管理するときのデータを使用できれば，実務上のメリットを享受可能との考え方から，内部的に提供される情報を基礎とする (IFRS 7, par. 34(a))。また，定性的開示についても，経営幹部に対して内部的に提供される情報に基づいて，リスクエクスポージャーがどのように生じたのか，リスクを管理する企業の目的・方針・手続・リスクの測定に使用される方法，過年度からの変更の情報提供等が求められる (IFRS 7, par. 33)。このようにIFRS 7においては「経営者の視点」からの開示，すなわち「マネジメント・アプローチ」が採用されていることが一つの特徴である。

この間，銀行業界への開示規制という点では国際的な自己資本比率規制の中で定められている。そこでは，「第三の柱（市場規律）」による開示規制として，「第一の柱（最低所要自己資本比率）」や「第二の柱（自己管理と監督上の検証）」で計測したリスク量（非財務定量データ），リスク計測体制（記述情報）等の開示が求められている。定量的・定性的なリスク情報等の開示を求めるIFRS 7の考え方は，自己資本比率規制上の「第三の柱」と重なる部分が多い内容となっている。ただし，IFRS 7のもとでのリスク情報開示は，「マネジメント・アプローチ」に依拠しており，銀行業への自己資本比率規制でみられるように，リスクを計測する一定の枠組みは必ずしも共有されていない。

このため，たとえば信用リスクの未定式モデルに基づく算定値のように，複数手法で重要な差異を生むリスク量計測はもちろんのこと，市場リスク量の計測にあっても，計測方法（VaR，BPV等）の違いはもとより，信頼区間や保有期間，観測期間等の置き方によって，結果は大きく異なってくる（音川・山口

[2013] 38〜44頁)。そうした経営者裁量が非常に多く介在する開示情報に対しては，監査可能性の面で実務的困難を惹起しかねないので，監査の立証命題を明確に特定できるような制度的枠組み（開示基準，監査実務指針等）を整えておくことが必要となろう[20]。

Ⅵ 金融資産に関する実証研究

1 はじめに

近年，IASBは公正価値によって測定する資産・負債の対象を拡大し，特に金融資産についてはその傾向が顕著である。

こうした状況下，金融資産に関する公正価値情報の内容は一様ではなくなっている。活発に取引される証券市場の価格のように，測定者の裁量の余地が小さく，信頼性が比較的高いケースもあれば，非上場株式の価格のように測定者の裁量の余地が大きく信頼性が比較的低いケースもある。つまり，今日の公正価値情報には質的特性の異なる複数の情報群が混在し，原価 vs. 公正価値という単純な対立軸では，その特質を捉え難くなっている。

以上の状況を踏まえて，IASBとFASBは公正価値資産・負債を信頼性の高い順にレベル1〜3に階層化し，開示することを要求している。当該開示をいち早く制度化した米国では，実証研究が精力的に行われ，その結果，公正価値情報の本質に迫るような意義深い研究成果が蓄積されている。

---

[20] 2008年3月の「基準10号」改正により，わが国でも市場リスク量等の注記開示が採り入れられた。これを踏まえ，2010年5月に日本公認会計士協会から業種別委員会報告第45号「銀行等金融機関における金融商品の状況の開示の監査に関する実務指針」が公表されているが，そこでは開示規定を踏まえ監査人は，リスク計測方法選択の妥当性ではなく，あくまで金融商品から生じるリスク等が（当該会社のリスク管理実務を所与として）明瞭かつ包括的に開示・説明されているかの検証が主眼となっている。こうした方向性は，多義的な注記情報に対する監査証拠入手の難点を克服する実務的便法として，今後とも定量的・定性的情報全般にわたり適用されることになるとみられる（越智［2012］178〜179頁）。

本節では，公正価値のレベル別開示に関する主要な実証研究[21]について概観するとともに，公正価値によって測定される金融資産が拡大していく中，いかなる課題に直面しているかについて考察することにしたい。

2　公正価値の階層化：基準と実態

公正価値の階層化は，IASBおよびFASBの共同プロジェクト「公正価値測定」の成果として基準化されたものである。まず，FASBが2006年に，SFAS 157「公正価値測定」を公表し，同基準は2007年11月16日以後開始の事業年度より適用されている。一方，IASBは2011年にIFRS 13「公正価値測定」を公表し，同基準は2013年1月1日以後開始の事業年度より適用されている。

FASBとIASBは，公正価値の測定に用いるインプット（入力数値）の信頼性の高低に応じてレベル1～3に階層化し，開示することを要求している[22]（SFAS 157, pars. 22～35；IFRS 13, pars. 67～99）。

このようにすべての公正価値資産・負債は，信頼性の高低に応じてレベル1～3に識別されるが，実際に企業の財務諸表にはどのような公正価値による資産・負債が計上されているのか。米国企業を対象とする実証研究により，金融業を中心にその実態が明らかになっている。表6-1は，Song, Thomas and Yi［2010］による記述統計を示したものである。

最初に，公正価値資産・負債の相対的規模を示すPanel Aに注目する。平均値（中位値）が，公正価値資産／総資産（FVA/TA）は14.97%（13.81%）であるのに対して，公正価値負債／総資産（FVL/TA）は0.37%（0.00%）

---

21) 公正価値に関する実証研究全般のサーベイについては，中木田・宮田［2002］，大日方［2012a, 2012b］および徳賀［2012］等を参照のこと。なお，公正価値のレベル別開示については大日方［2012b］によって検討されている。
22) 各レベルの定義は，次のとおりである。レベル1：測定日に入手できる活発な市場における同一の資産・負債に関する（無調整の）公表価格，レベル2：資産・負債のうち，直接的または間接的に観察可能なインプットのうちレベル1に含まれる公表価格以外のインプット，レベル3：資産または負債について観察不能なインプットをいう。

第6章　金融資産会計

表6－1　公正価値資産・負債の実態

Panel A：公正価値資産，負債の相対的規模

n＝1,260	平均値	中位値
FVA/TA	14.97%	13.81%
FVA1/TA	1.15%	0.04%
FVA2/TA	13.31%	12.32%
FVA3/TA	0.51%	0.00%
FVL/TA	0.37%	0.00%
FVL1/TA	0.03%	0.00%
FVL2/TA	0.32%	0.00%
FVL3/TA	0.03%	0.00%

Panel B：サンプル企業のうち各資産を所有している企業の割合

n＝431	①投資証券	②デリバティブ	③貸付金	④その他
レベル1	60.32%	1.62%	2.55%	4.64%
レベル2	90.49%	15.08%	22.27%	8.12%
レベル3	28.31%	10.21%	5.70%	11.83%

（出所）　Song, Thomas and Yi（2010）を一部変更の上で作成した。
Panel A：サンプルは2008年第1四半期～第3四半期の1,260社×年である。略語の定義は以下のとおりである。FVA（FVL）：公正価値で評価された資産（負債）総額，FVA1（FVL1）：レベル1の資産（負債）の公正価値，FVA2（FVL2）：レベル2の資産（負債）の公正価値，FVA3（FVL3）：レベル3の資産（負債）の公正価値
Panel B：サンプルは2008年第1四半期の431社である。略語の定義は以下のとおりである。④その他：モゲージ・サービス権，フェデラル・ファンド貸付金，アセット・バック証券その他を含む①～③以外の資産

である。これらの相違より，公正価値の対象には資産が圧倒的に多いことが明らかである。次に，同資産の内訳に注目すると，レベル1～3にわたって所有されているものの，レベル2の占める割合が最も大きい（平均値：13.31%，中位値：12.32%）。

さらに，Panel Bはサンプル企業が公正価値資産として具体的にどのような項目を所有しているかを示したものである。それらは基本的に金融資産であり，特に①投資証券はレベル1～3に渡って多くの企業によって所有されている。

以上のとおり，公正価値資産・負債の対象が拡大しているとはいえ，その大半は金融資産であり，しかも，そこにはレベル1～3に及ぶ異質な金融資産群が混在しているという実態がある[23]。

3 主な実証研究

(1) 価値関連性：質的特性との基本的関係

　財務報告の主要な目的は，投資意思決定に有用な情報を提供することである。その点では，投資家が公正価値資産・負債をいかに評価し，その結果がいかに証券価格に反映されているかを特定することは重要である。公正価値のレベル別開示に関する実証研究の多くは，それらの価値関連性に注目している。

　ここに「価値関連性」(value relevance) とは，特定の会計情報と株価が統計的に有意な関連性を有していることをいう。会計情報が投資家の利用目的に適合し，かつ，信頼に足るものであれば，当該情報は証券価格に反映され，会計情報と株価との間に有意な相関関係が観察されるはずである[24]。

　Kolev [2008] は，金融業349社×四半期（2008年第1四半期，第2四半期）をサンプルとして，株価をレベル別に分割した公正価値純資産に回帰するモデルで検証している。その結果，公正価値純資産の係数はレベルにかかわらずすべて有意に正であるが，レベル1に比べ，レベル2と3の係数が小さく，特にレベル1と3の係数の差は統計的に有意であった。以上の結果は，公正価値情報はレベルにかかわらず「価値関連性」を有するものの，レベルの低い公正価値については，投資家は割り引いて評価していることを示唆している。

---

23) 金融業をサンプルとする他の研究（Kolev [2008], Goh, Ng and Yong [2009] 等）による記述統計も概ね同様の傾向を示している。金融業および非金融業をサンプルとするGartenberg and Serafeim [2009] によれば，公正価値資産／総資産の平均値（中位値）が，レベル1は8.053%（0.296%），レベル2は8.628%（0.394%），レベル3は2.381%（0.000%）と報告されている。中位値を見ると，全般的に非常に小さく，非金融業を含むサンプルでは公正価値資産の所有割合は小さいことが明らかである。

24) 紙幅の関係上，検証モデルの説明は省くが，価値関連性の検証では，株価を純資産簿価および利益に回帰するモデルが使用されることが多い。

Song, Thomas and Yi [2010] は，銀行業1,260社×四半期（2008年第1四半期～第3四半期）をサンプルとして，レベル1と2より，レベル3の価値関連性が小さくなるという仮説を設定した上で，当該仮説を支持する証拠を得ている。投資家は将来キャッシュ・フローを予想し，一定の資本コストで割り引くことによって株主価値を推定するが，レベル3は情報リスクが大きいため，将来キャッシュ・フローの予測が保守的になり，かつ，割引率も引き上げられる分，株主価値は低く評価されるであろうというのが上記仮説の主たる根拠である。

同様に，Goh, Ng and Yong [2009] は，銀行業1,462社×四半期（2008年第1四半期～第3四半期における）をサンプルとして，公正価値のレベルが低くなるほど情報リスクが大きく，かつ，流動性も低くなる結果として，「価値関連性」が低くなるという仮説を設定した上で，レベル1に比べ，レベル2と3の「価値関連性」が低いことを示す証拠を得ている。

このように，公正価値のレベルが低くなるほど，情報リスクが大きくなることなどを理由として「価値関連性」が低くなることが明らかとなっている。ただし，検証結果については必ずしも一致しておらず，いずれも短期間のサンプルに基づいていることが原因している可能性がある。

(2) **財務健全性，ガバナンス・システムおよび公正価値の測定モデルとの関係**

公正価値のレベルが低い，特にレベル3については，測定者によって測定結果が変わってしまうという懸念がある。上記の研究は，信頼性の低下に応じて「価値関連性」が平均的に低下する事実を特定しているが，さらに，これらの研究は，投資家が企業をめぐる諸要因を考慮の上，公正価値情報を評価していることを明らかにしている。

Kolev [2008] は，(イ)純資産が大きく，監査委員会に多くの財務専門家を擁す企業，(ロ)専門業者によって開発された方法で公正価値の測定が行われている企業は，レベル1とレベル2・3の「価値関連性」の相違が小さいという事実を特定している。これは，(a)財務健全性が高い，(b)ガバナンス・システムの有効性が高い，さらに，(c)公正価値測定の客観性が高い場合，投資家は，そうで

ない場合に比べて，レベル2と3の情報を信頼していることを示唆している。

　Song, Thomas and Yi [2010] は，ガバナンス・システムの有効性について，より包括的な指標（監査委員会の独立性，監査委員会の財務専門性，監査委員会の開催数，機関投資家の保有割合，監査事務所の規模，内部統制の重大な脆弱性の有無等によって総合指標化している）によって計測し，ガバナンス・システムの有効性が高いほど公正価値が価値関連的になる，特にレベル3についてその傾向が顕著であるという証拠を得ている。かかる発見事項は，公正価値のレベルが低下するほど有効なガバナンス・システムをもっているかどうかに影響されることを示している。同様に，Goh, Ng and Yong [2009] は，自己資本比率が高く，かつ，監査の質が高い場合に，レベルの低い公正価値資産ほど「価値関連性」が改善する事実を特定している。

　以上の発見事項は，公正価値のレベルが低い場合に，投資家が財務健全性，ガバナンス・システムの有効性，公正価値測定の客観性を勘案した上で，情報の信頼性を評価していることを示唆している。

(3) **開示行動とその効果**

　SFAS 157およびIFRS 13は，レベル3の公正価値について，測定の根拠等に関する開示を追加的に要求している。このことは，両機関がレベル3は信頼性が低く，追加的開示により情報の非対称性を緩和する必要があるという認識を持っていることを意味している。

　企業の中には，会計基準の要請以上に，積極的に情報開示を行っているケースがある。Chung, Goh, Jg and Yong [2013]（サンプル：2007年～2011年における金融業約2,000社×年）は，(1)レベルの低い公正価値資産を多く所有するほど追加的情報開示に積極的であること，さらに，(2)当該開示によって「価値関連性」が改善されていることを明らかにしている。これは，公正価値のレベルが低下するほど，追加的な情報開示は投資家に対して有用な情報を提供しうることを意味している。

4 要約と課題

本節は，公正価値のレベル別開示に関する主要な実証研究について概観してきた。主な発見事項を要約すれば，以下のとおりである。

第一に，情報の信頼性への懸念等を理由として，公正価値のレベルが低いほど「価値関連性」が低くなるという傾向が観察されているが，財務健全性，ガバナンス・システムの有効性および公正価値測定の客観性が高い場合には相対的に「価値関連性」が大きく，特に低いレベルの公正価値についてその傾向が顕著である事実が特定されている。ただし，検証結果は必ずしも一致していない。

第二に，低レベルの公正価値資産を所有する企業ほど追加的開示に積極的であるとともに，公正価値のレベルが低くなるほど追加的開示は投資家に対して有用な情報となりうることが判明している。

以上の発見事項は，投資家は公正価値のレベルが低下するほど財務諸表上の数値を信頼して利用できず，レベル別開示を含む開示情報，さらには財務健全性，監査を含むガバナンス・システムの有効性および公正価値測定の客観性等，各企業の財務報告プロセスの品質を勘案した上で，投資意思決定を行っていることを示唆している。公正価値による金融資産の測定および開示の検討に際しては，こうした知見を十分に踏まえる必要がある。また，財務報告の主体たる企業側は，投資家が公正価値のレベルが低下するほど情報の信頼性を懸念し，有効なガバナンス・システムおよび客観的な公正価値の測定等によって情報の信頼性が確保されているかどうかに注目していることを認識しておく必要があるだろう。

最後に，以上の実証研究は米国企業のサンプルに基づいているが，IFRS 13に基づく開示が進展していく中，米国以外の企業のサンプルに基づく研究成果が蓄積されていくことも重要である。そうした研究の進展を通じて，金融資産に対する公正価値測定の意義と課題がより多面的に明らかにされていくことが期待される。

【参考文献】

Altamuro, J. and H. Zhang [2013], "The Financial Reporting of Fair Value Based on Managerial Inputs versus Market Inputs : Evidence from Mortgage Servicing Rights," *Review of Accounting Studies*, Vol. 18 No. 3, pp. 833~858.

Chung, S. G., B. W. Goh, J. Ng and K. O. Yong [2013], "Voluntary Fair Value Disclosures Beyond SFAS 157's Three-level Estimates," Working Paper, Singapore Management University.

European Financial Reporting Advisory Group (EFRAG) [2013], *Getting a Better Framework, The Role of the Business Model in Financial Reporting, Bulletin*.

FASB [2006], *Statement of Financial Accounting Standards No. 157 : Fair Value Mesuerment*. ··SFAS 157

FASB [2012], *Exposure Draft, Proposed Accounting Standards Update, Financial Instruments — Credit Losses (Subtopic 825 – 15)* .

Financial Crisis Advisory Group (FCAG) [2009], *Report of the Financial Crisis Advisory Group*.

Gartenberg, C. M. and G. Serafeim [2009], "Did Fair Valuation Depress Equity Values During the 2008 Financial Crisis?," Working Paper, Harvard Business School.

Goh, B. W., J. Ng and K. O. Yong [2009], "Market Pricing of Banks' Fair Value Assets Reported under SFAS 157 during the 2008 Economic Crisis," Working Paper, Singapore Management University and Massachusetts Institute of Technology.

IASB [2008], *Discussion Paper, Reducing Complexity in Reporting Financial Instruments*.

IASB [2009a], *Exposure Draft, Financial Instruments : Amortised Cost and Impairment*.

IASB [2009b], *International Accounting Standard 39 (2009 revised) "Financial Instruments : Recognition and Measurement"*. ···························· IAS 39

IASB [2009c], *International Financial reporting Standard 9 "Financial Instruments"*. ·· IFRS 9 (2009年)

IASB [2011a], *Supplement to the Exposure Draft Financial Instruments : Amortised Cost and Impairment*.

IASB [2011b], *International Financial reporting Standard 13 "Fair Value Measurement"*. ··· IFRS 13

IASB [2011c], *International Accounting Standard 32 (2011 revised) "Financial Instruments : Presentation"*. ··· IAS 32

IASB [2011d], *International Financial reporting Standard 7 (2011 revised) "Financial Instruments : Disclosure"*. ··· IFRS 7

IASB [2012a], *Exposure Draft "Classification and Measurement: Limited Amendments to IFRS 9".*
IASB [2012b], *Educational Material on Fair Value Measurement, Measuring the Fair Value of Unquoted Equity Instruments within the Scope of IFRS 9 Financial Instruments.*
IASB [2013a], *Exposure Draft, Financial Instruments: Expected Credit Losses.*
IASB [2013b], *Discussion Paper, A Review of the Conceptual Framework for Financial Reporting.*
IASB [2013c], *International Financial reporting Standard 9 (2013 revised) "Financial Instruments".* .... IFRS 9
ICAEW [2010], *Business Models in Accounting: The Theory of the Firm and Financial Reporting.*
Kolev, K. S. [2008], "Do Investors Perceive Marking-to-Model as Marking-to-Myth? Early Evidence from FAS 157 Disclosure," Working Paper, NYU Stern School of Business.
Song, C. J., W. B. Thomas and Han Yi [2010], "Value Relevance of FAS No. 157 Fair Value Hierarchy Information and the Impact of Corporate Governance Mechanisms," *The Accounting Review*, Vol. 85 No. 4, pp. 1375〜1410.
Wahlen, James [1994], "The Nature of Information in Commercial Bank Loan Loss Disclosures," *The Accounting Review*, Vol. 69 No. 3, pp. 455〜478.

秋葉賢一 [2013]「揺れ動いているか，企業会計制度」『証券アナリストジャーナル』第51巻第10号, 52〜56頁。
越智信仁 [2012]『IFRS公正価値情報の測定と監査 ― 見積り・予測・リスク情報拡大への対応』国元書房。
越智信仁 [2013]「監査の視点から見たIFRS金融商品会計の留意点」『月刊監査研究』第39巻第9号, 13〜19頁。
越智信仁・諸田崇義・米谷達哉 [2010]「貸倒引当金に関連した日米加データ比較―プロシクリカリティの議論を念頭に」『週刊経営財務』第2975号, 15〜19頁。
越智信仁・諸田崇義・米谷達哉 [2011]「期待損失モデルに対する情報インダクタンスからの一考察 ― 金融資産の減損見積りにおける主観性の分析」『産業経理』第70巻第4号, 109〜119頁。
音川和久・山口友作 [2013]「銀行における市場リスク情報の開示実態」『国民経済雑誌』第207巻第5号, 33〜49頁。
大日方隆 [2012a]「公正価値情報の有用性」大日方隆編著『金融危機と会計規制 ― 公正価値測定の誤謬』中央経済社, 第1章所収, 1〜54頁。
大日方隆 [2012b]「公正価値会計の拡大」大日方隆編著『金融危機と会計規制 ― 公正価値測定の誤謬』, 第3章所収, 81〜122頁。

大日方隆［2013］「検証可能な仮説の構築へ向けて」徳賀芳弘・大日方隆編著『財務会計研究の回顧と展望』中央経済社，第8章第6節所収，289〜306頁。

企業会計基準委員会［2008］企業会計基準第10号「金融商品に関する会計基準」（最終改正）‥‥‥‥‥‥‥‥‥‥‥‥‥‥‥‥‥‥‥‥‥‥‥‥‥‥‥‥‥‥‥‥「基準10号」

企業会計審議会［2012］「IFRSに関する欧州調査出張（フランス・ドイツ・EFRAG）調査報告書概要」（資料3－1，2月17日）。

企業会計審議会［2013］「国際会計基準（IFRS）への対応のあり方に関する当面の方針」。

徳賀芳弘［2012］「会計基準における混合会計モデルの検討」『金融研究』第31巻第4号，141〜203頁。

中久木雅之・宮田慶一［2002］「公正価値評価の有用性に関する実証研究のサーベイ」IMES Discussion Paper No. 2002-J-8，日本銀行金融研究所。

西川郁生［2013］「純損益／その他の包括利益及び測定」（会計基準アドバイザリー・フォーラム会議提出資料，ASBJ仮訳）。

日本公認会計士協会［2011a］「IASB公開草案『ヘッジ会計』に対する意見」。

日本公認会計士協会［2011b］「IAASBディスカッションペーパー『財務報告の進化する性質：開示とその監査への影響』に対するコメント」。

米山正樹［2014］「IFRS概念フレームワークをめぐる論点」『企業会計』第66巻第1号，43〜51頁。

第7章

売却目的固定資産会計

I　売却目的固定資産の意義・分類

　IFRS5には，売却目的固定資産の明確な定義自体は存在していない。では，どのような固定資産が「売却目的所有」(held for sales) に分類されるのであろうか。IFRS5 (par. 6) によれば，固定資産（または処分グループ）の帳簿価額が継続的利用（continuing use）ではなく主に売却取引（sale transaction）によって回収される場合，当該資産（または処分グループ）は売却目的所有に分類される。

　また，固定資産を売却目的所有に分類するためには，当該資産（または処分グループ）の売却について，(a)通常または慣例的な条件のみに従って現状でただちに売却することが可能でなければならず，(b)その売却の可能性が非常に高く（highly probable）なければならない（IFRS5, par. 7）。

　その場合，「売却の可能性が非常に高い」と言えるためには，以下の六つの条件を満たしていなければならない（IFRS5, par. 8）。

① 適切な地位の経営者が当該資産（または処分グループ）の売却計画の実行を確約していなければならない。
② 資産の買手を探し，売却計画を完了させる活発な計画が開始されていなければならない。

③ 当該資産（または処分グループ）が積極的に売り込まれていなければならない。

④ 当該資産の販売価格は現在の公正価値との関係において合理的なものでなければならない。

⑤ 当該資産の売却が，分類した日から1年以内に売却が完了したものと認識される要件を満たす予定でなければならない。

⑥ 計画を完了させるために必要な行動により，計画に重要な変更が行われたり，計画が撤回される可能性が低いことを示唆しなければならない。

たとえば，資産の売却に関して株主が承認する可能性は，その売却の可能性が非常に高いかどうかの判定の一部として考慮される（IFRS 5, par. 8）。

ただし，上記の条件⑤に関して，売却までの期間が1年を超える場合であっても，企業の支配の及ばない事象や状況により売却が遅延しているが，売却計画の実行を依然として確約しているとの十分な証拠がある場合には，売却の完了までに必要な期間が延びたとしても，当該資産（または処分グループ）を売却目的所有に分類することができる（IFRS 5, par. 9）。

また，(a)すでに公正価値で計上され，公正価値の変動が純損益に認識されている資産である(イ)IFRS 9の適用範囲内の金融資産，(ロ)「公正価値モデル」に従って会計処理される投資不動産（IAS 40），(ハ)IAS 41「農業」に従って売却費用控除後の公正価値で測定される固定資産や，(b)公正価値の算定が困難な資産である(イ)繰延税金資産（IAS 12），(ロ)従業員給付により生じる資産（IAS 19），(ハ)IFRS 4「保険契約」で定義された保険契約における契約上の権利という六つの項目は，IFRS 5の適用対象外となっている（IFRS 5, par. 5）。

なお，廃棄予定の固定資産（または処分グループ）は，売却目的所有に分類してはならない。これは，当該資産の帳簿価額が，売却ではなく主として継続的利用によって回収されると考えられるためである（IFRS 5, par. 13）。また，一時的に事業活動に利用しない固定資産，すなわち遊休資産を廃棄されたかのように会計処理してはならない（IFRS 5, par. 14）。いずれ売却される可能性があるにせよ，その計画が明らかとなり，実行に移されるまでは，依然として

投資額を継続的利用によって回収することが予定されていると考えられる。

　さらに，子会社に対する支配の喪失を伴う売却計画を経営者が確約している場合，売却後にその子会社に対する非支配株主持分を所有するか否かにかかわらず，当該子会社のすべての資産および負債を「処分グループ」(disposal group) として，売却目的所有に分類しなければならない (IFRS 5, par. 9)。

　なお，「処分グループ」とは，処分，売却またはその他の方法により，単一の取引として処分される資産のグループおよびそれらの資産に直接関連し，当該取引で移転される負債をいう。IFRSは，個別資産を対象として基準策定・会計処理を要求することが多い中で，複数の資産・負債をまとめて「処分グループ」を対象とする会計処理を要求しているところにもIFRS 5の特徴がある。

　また，転売のように，取得後ただちに処分するために資産を取得した場合など，取得後短期間（通常，3か月以内）に売却する可能性が非常に高いと認められる場合には，取得日時点で売却目的所有に分類しなければならない (IFRS 5, par. 11)。

II　売却目的固定資産の再測定

　第1章で明らかにされたように，IFRSでは事業活動のために所有される固定資産は，「原価モデル」または「再評価モデル」によって測定されている。それでは，売却目的所有に分類された固定資産は，どのように測定されるのか。

　売却目的所有として分類する直前においては，資産（または処分グループに含まれる資産および負債のすべて）の帳簿価額は，該当する他のIAS・IFRSに従って測定しなければならない (IFRS 5, par. 18)。すなわち，事業用の固定資産であれば，IAS 16の規定に基づいて「原価モデル」または「再評価モデル」によって測定されることになる。

　売却目的所有として分類された固定資産（または処分グループ）は，その時点の「帳簿価額」と「売却費用控除後の公正価値」(fair value less costs to sell) との低い価額で測定しなければならない (IFRS 5, par. 15)。ここで，

「売却費用」とは，資産（または処分グループ）の処分に直接起因する増分費用をいい，財務費用や法人所得税費用は除かれる（IFRS 5, 付録A）。

なお，当初（または事後）の評価減において，帳簿価額から資産（または処分グループ）の「売却費用控除後の公正価値」まで切り下げた金額は，「減損損失」として認識される（IFRS 5, par. 20）。すなわち，「帳簿価額」と「売却費用控除後の公正価値」を比較して，「売却費用控除後の公正価値」の方が低ければ，その金額まで帳簿価額を切り下げることとし，その切下額を「減損損失」として計上することになる。

また，例外的に売却が1年以上先に行われることが見込まれる場合には，公正価値から控除される売却費用はその現在価値で測定しなければならない。また，時の経過から生じる売却費用の現在価値の増加は，財務費用として純損益に表示しなければならない（IFRS 5, par. 17）。

たとえば，これまで事業用に利用してきた備品（取得原価50万円，減価償却累計額30万円）を当期末（減価償却計上後）に売却目的所有に分類する際，その売却費用控除後の公正価値が，ケース1：18万円，ケース2：23万円であったならば，それぞれ次のように処理される。

ケース1：

（借）売却目的固定資産	180,000	（貸）備　　　　品	500,000
備品減価償却累計額	300,000		
減　損　損　失	20,000		

ケース2：

（借）売却目的固定資産	200,000	（貸）備　　　　品	500,000
備品減価償却累計額	300,000		

「売却費用控除後の公正価値」が，分類変更前の帳簿価額を下回っていれば当該価額まで引き下げられ，分類変更前の帳簿価額を上回っていれば帳簿価額のまま振り替えられることになる。もし，帳簿価額のまま振り替えることになった場合，売却を目的として所有する資産にもかかわらず，公正価値での評価は行われず，（公正価値の変動がなければ）売却時に利益が生じることにな

る。

　また，売却目的固定資産に分類され，かつ，「売却費用控除後の公正価値」で評価された後，その「売却費用控除後の公正価値」が増加した場合には，分類変更時（および分類変更以前のIAS 36に従った減損発生時）に認識された減損損失累計額を超えない範囲で，利得（評価益）を認識しなければならない（IFRS 5, par. 21）。つまり，「売却費用控除後の公正価値」で評価された売却目的固定資産について，売却までに公正価値が増加した場合には，振替前の帳簿価額との差額を限度額として，評価益が認識されることになる。これは，振替前の帳簿価額を上限として，減損損失を戻し入れることにほかならない。

　たとえば，上記の売却目的固定資産（ケース1）の売却費用控除後の公正価値が，売却までにケース1－1：19万円，ケース1－2：21万円に増加した場合における仕訳は，次のとおりである。

ケース1－1：

　　（借）売却目的固定資産　　　10,000　（貸）減損損失戻入　　　10,000

ケース1－2：

　　（借）売却目的固定資産　　　20,000　（貸）減損損失戻入　　　20,000

　ケース1－2のように，公正価値が分類変更前の帳簿価額よりも上昇していたとしても，帳簿価額を上限として減損損失を戻し入れる点は，「原価モデル」によった場合の減損損失の戻入れと同様である。

　では，売却目的固定資産に関して，なぜこのような測定が要求されるのであろうか。これは，IFRS 5の基準設定の経緯と深い関係があると考えられるため，簡単に紹介しておく。

　そもそも，IASBには売却目的固定資産についての会計・財務報告基準は存在していなかった。そこで，FASBとの「ノーウォーク合意」に基づき，比較的に短期に解決可能であり，主要なプロジェクトの枠外で取り扱うことができるIFRSとUS-GAAPとの差異を削減するプロジェクトとして，2002年9月に「売却目的固定資産の会計処理」を審議中の課題として追加することに合意した（IFRS 5, par. BC 2）。IASBとFASBは，高品質な会計上の解決策を採用す

るために，互いの最近公表した基準を検討しあう形で当該プロジェクトを進めたが，本論点に関しては，FASBが2001年に公表したSFAS 144「長期性資産の減損または処分に関する会計処理」をIASBが検討することとなった。

検討の結果，2003年7月にIASBは公開草案第4号「固定資産の処分および非継続事業の表示」を公表し，この公開草案に対して，80通以上のコメントを受領したとされる（IFRS 5, par. BC 7）。そして，2004年3月に，IFRS 5「売却目的所有固定資産および非継続事業」（*Non-current Assets Held for Sale and Discontinued Operations*）が公表され，2005年1月1日以降に開始する事業年度から適用（なお，早期適用が推奨）されている[1]。つまり，IFRS 5の原型は，長期性資産の減損を取り扱ったSFAS 144であり，その会計処理は減損処理と関連している。

資産の減損において，減損損失の測定時には，資産の「処分費用控除後の公正価値」と資産の継続的利用と処分から生じると期待されるキャッシュ・フローの現在価値である「利用価値」のいずれか高い金額である回収可能価額まで，帳簿価額を引き下げることになる（IAS 36, par. 59）。ただし，売却目的固定資産は，もはや継続的利用によって投資額を回収することを意図していない。そのため，その資産の回収可能価額は，おのずと売却（処分）費用控除の公正価値とならざるを得ない。つまり，売却目的固定資産へと振替予定の資産の「帳簿価額」と「売却費用控除後の公正価値」とを比較することになる。

そうであるならば，過年度に認識された減損損失がなかった場合の帳簿価額を超えない範囲での減損損失の戻入れを認めているIFRSにおいては，売却目的固定資産といえども，その回収可能価額が増加していれば，同様に減損損失の戻入れを行うことになる。

既述のように，売却目的固定資産に振り替える以前の固定資産は，「原価モデル」または「再評価モデル」で測定されている。そこで，「再評価モデル」

---

[1] IFRS 5の公表によって，それまで「非継続事業」に関する開示基準であったIAS 35「非継続事業」（*International Accounting Standard 35 "Discontinued Operations"*）が廃止されている。

第7章　売却目的固定資産会計

で測定されていた固定資産が，売却目的固定資産に振り替えられた（分類変更された）ときの会計処理も考えておく。この場合，「再評価モデル」に従って再評価されている資産であっても減損の対象となりうることから，売却目的固定資産への振替処理も同様に行われることとなると考えられる。

たとえば，t_1期首に600万円で土地を取得し，t_1期末にはその時価が700万円と上昇したが，t_2期末に550万円に下落した時点で売却目的所有へと所有目的を変更することを決定し，売却費用が20万円と見積もられた場合，次のように処理される。

t_1期首：

　　（借）土　　　　　地　6,000,000　（貸）現　　　　　金　6,000,000

t_1期首：

　　（借）土　　　　　地　1,000,000　（貸）再評価剰余金　1,000,000

t_2期首：

　　（借）再評価剰余金　1,000,000　（貸）土　　　　　地　7,000,000
　　　　　減 損 損 失　　 700,000
　　　　　売却目的固定資産　5,300,000

なお，売却目的所有に分類された固定資産（または処分グループ）に関しては，減価償却（または償却）を行ってはならない（IFRS 5, par. 25）[2]。これは，減価償却手続が継続的利用を行う期間における原価配分であることから，もはや継続的利用を行わない売却目的固定資産については，原価配分する必要がないためである。ただし，「処分グループ」に有利子負債が含まれている場合，その負債に起因する利息その他の費用は，売却目的所有に分類されても，引き続き認識することとなる（IFRS 5, par. 25）。

---

[2]　しかし，実際に使用状態にある固定資産の減価償却は，まだ完全に実行されているわけではない経営者の資産売却の意思決定だけで停止すべきではないとの反対意見もある（IFRS 5, par. DO 8）。

Ⅲ　売却目的固定資産の分類の中止

　売却目的所有に分類されていた資産（または処分グループ）が，その売却の可能性が非常に高いとは言えなくなったなど，その要件を満たさなくなった場合には，当該資産を売却目的所有に分類することを中止しなければならない（IFRS 5, par. 26）。資産の買手が見つからず売却計画が中止になった場合など，売却による投資額の回収を見込めない時には，その所有目的は売却から継続的利用へと変更されることになる。

　分類を中止する固定資産の帳簿価額は，①売却目的所有に分類変更する前の帳簿価額に，売却予定に分類されていなければ，当該資産について認識したであろう減価償却費・償却費または再評価額について調整を行った金額，②売却しないという事後的な意思決定時点での回収可能価額のいずれか低い金額で評価する（IFRS 5, par. 27）。このうち，前者は発生していたかもしれない減損を考慮して，当初から売却目的所有に変更されていないとみなした金額であり，後者はその意思決定時点での再評価額，つまり「売却費用控除後の公正価値」または「利用価値」のいずれか高い金額である。

　売却目的所有に分類されていた際に付されていた金額と再分類変更後の金額との差額は，売却目的所有への分類を中止した期間の純損益に算入される（IFRS 5, par. 28）。

　たとえば，以前に事業活動に利用していたが，前期末に売却目的所有に分類変更していた備品（取得原価：50万円，残存価額：0，耐用年数：5年（定額法で3年償却済），分類変更前の減価償却累計額：30万円，分類変更時の売却費用控除後の公正価値：18万円）について，当期末にケース1：再び事業活動に利用する場合，ケース2：廃棄する場合（その際の処分価値は5万円であり，後日回収予定である）における仕訳処理を示せば，それぞれ次のとおりである。

ケース1：
　　（借）備　　　　　品　　　500,000　（貸）売却目的固定資産　　180,000
　　　　　減価償却費調整額　　 80,000　　　　備品減価償却累計額　　400,000
ケース2：
　　（借）未　　収　　金　　　 50,000　（貸）売却目的固定資産　　180,000
　　　　　固定資産廃棄損　　　130,000

　ケース1では，売却目的所有に分類変更されなかったならば，備品についてそれまでと同様に1年に10万円の減価償却費を計上していたはずである。それゆえ，備品の取得原価を借記するとともに，取得後4年分の減価償却累計額を貸記し，差額を調整額として当期の純損益に算入する。
　ケース2では，売却ではなく廃棄処分するため，回収可能価額（おそらく多くの場合で売却費用控除後の公正価値になる）で評価し，売却目的固定資産の帳簿価額との差額を当期の純損益に算入させることになる。

Ⅳ　売却目的固定資産に関する表示・開示

　IFRS 5（par. 30）によれば，財務諸表の利用者にとって，非継続事業および固定資産（または処分グループ）の処分による財務上の影響を評価できる情報が表示・開示されなければならない。ここで，「非継続事業」（discontinued operations）とは，すでに処分されたかまたは売却目的所有に分類されている事業体の構成単位であり，次のいずれかに該当するものをいう（IFRS 5, par. 32）。
　(a)　独立の主要な事業分野または営業地域
　(b)　独立の主要な事業分野または営業地域を処分する統一された計画の一部
　(c)　転売のためにのみ取得した子会社
　また，「事業体の構成単位」（component of an entity）とは，事業体の他の部分から営業上および財務報告上，明確に区別できる事業およびキャッシュ・フローをいい，換言すれば，使用目的で所有されている間には，単一の資金生

成単位(または資金生成単位のグループ)であったものをいう(IFRS 5, par. 31)。

では,固定資産(または処分グループ)の処分による財務上の影響を評価できる情報とは,いったいどのようなものであろうか。

まず,包括利益計算書においては,①非継続事業の税引後損益および②非継続事業を構成する資産(または処分グループ)に関する売却費用控除後の公正価値による測定・処分により認識された税引後の利得・損失の合計額は,単一の金額として示されなければならない。この場合,①の構成要素である非継続事業の収益,費用,税引前損益,法人所得税と②のそれぞれは,注記または包括利益計算書上で表示することができる。なお,それらを包括利益計算書に表示する場合には,継続事業からの純損益から区分して表示しなければならない[3]。また,親会社の所有者に帰属する継続事業および非継続事業から生じた利益は注記または包括利益計算書のいずれかで表示する(IFRS 5, par. 33)。

次に,財政状態計算書においては,売却目的所有に分類した固定資産および売却目的所有に分類した処分グループに含まれる資産を他の資産と区分して表示するとともに,当該処分グループに含まれる負債を他の負債と区分して表示しなければならない。なお,これらの資産・負債を相殺することは認められていない。また,売却目的所有に分類した主要な資産・負債の種類は,取得時に売却目的所有として分類される要件を満たす新規に取得した子会社を除き,財政状態計算書または注記において区分して開示されなければならない(IFRS 5, par. 38)。

具体的には,固定性配列法を採る財政状態計算書において,固定資産・流動資産とは区別して,売却目的所有に分類された固定資産が表示されることになる。同様に,処分グループに含まれる売却目的所有に分類された固定資産に関連して持分に直接計上される金額や当該固定資産に直接関連する負債は,それ

---

3) なお,非継続事業の定義を満たさない売却目的固定資産(または処分グループ)の再測定による利得・損失は,継続事業からの純利益に含めなければならない(IFRS 5, par. 37)。

ぞれ独立の項目として表示されることになる（IFRS 5, 適用ガイダンス設例12参照）。

さらに，キャッシュ・フローに関して，非継続事業の営業活動，投資活動，財務活動に帰属する正味のキャッシュ・フローは，注記または財務諸表本体のいずれかに表示・開示される（IFRS 5, par. 33）。

さらに，固定資産（または処分グループ）が売却されたかまたは売却目的所有に分類された期間における財務諸表の注記には，以下の情報が開示されなければならない（IFRS 5, par. 41）。

(a) 固定資産（または処分グループ）の説明
(b) 売却または処分予定に至った事実，状況および当該処分の予想される方法・時期の説明
(c) 固定資産を売却目的所有に分類変更した際に認識した減損損失とその戻入れ，および包括利益計算書で区分表示していない場合には，当該利得・損失を含む包括利益計算書の表示科目
(d) 固定資産（または処分グループ）がIFRS 8「事業セグメント」に基づいて表示されている報告セグメント（該当する場合のみ）

また，売却目的所有に分類することを中止した場合には，当該固定資産（または処分グループ）の売却計画を変更する意思決定が行われた期間に，(a)当該決定に至った事実，(b)状況の説明および(c)当該決定が当該期間と表示されている過年度のそれぞれの経営成績に与える影響が開示されなければならない（IFRS 5, par. 42）。

上記のような会計情報をIFRS 5に従って表示・開示することにより，財務諸表に売却目的固定資産に関する情報が追加され，財務諸表の利用者が固定資産（または処分グループ）の処分による財務上の影響を評価できるようになると考えられている。すなわち，このような情報は，情報の利用者が将来キャッシュ・フローの生起時期，金額および不確実性を予測・評価に資するものと考えられている（IFRS 5, par. BC 17）。

なお，わが国において売却目的固定資産に関する具体的な基準・規定は存在

しない。ただし「連続意見書第四」（第一・七）において，「長期性資産が本来の用途からはずされ，売却する目的で保有されることになった場合，当該資産は流動資産ではあるが，棚卸資産ではない（通常の営業過程で販売される対象ではなく，したがって費用財を構成しないから）。」と述べられている。当該資産は1年以内に売却され現金となることが予想されるが，通常の営業過程で販売されるわけではないので，棚卸資産以外の流動資産として計上されることになる。ただし，その測定については説明されていないため，いかなる価額を付すのかについては不明である。

また，「適用指針6号」（8，71項）によれば，取締役会等において，資産の処分や事業の廃止に関する意思決定が行われ，その代替的な投資も予定されていない場合には，これらの資産を切り離しても他の資産（または資産グループ）の使用にほとんど影響を与えないため，他の資産（または資産グループ）のキャッシュ・フローから概ね独立したキャッシュ・フローを生み出す最小の単位に該当すると考えられ，当該固定資産については通常の減損処理が適用されるものと考えられる。

【参考文献】

FASB［2001］Statement of Financial Accounting Standards No. 144 *"Accounting for the Impairment of Disposal of Long-Lived Assets"*.
IASB［2003］*Exposure Draft 4, "Disposal of Non-current Assets and Presentation of Discontinued Operations"*.
IASB［2004］*International Financial Reporting Standard 5 "Non-current Assets Held for Sale and Discontinued Operations"*. ……………………………… IFRS 5

企業会計審議会［1962］「企業会計原則と関係諸法令との調整に関する連続意見書第四 棚卸資産の評価について」………………………………………「連続意見書第四」
企業会計基準委員会［2009］企業会計基準適用指針第6号「固定資産の減損に係る会計基準の適用指針」……………………………………………「適用指針6号」
藤木潤司［2005］「処分予定の固定資産の会計・開示をめぐる国際的な状況」『経営学論集』（龍谷大学）第45巻第1号，23～29頁．

第8章

その他の特殊資産等

I 生物資産・農作物会計

1 生物資産・農作物の意義

　「生物資産」（biological asset）とは，生きている動物または植物をいい，「農作物」（agricultural produce）とは，企業の生物資産から収穫された成果物をいう。また，「農業活動」[1]（agricultural activity）とは，生物資産を販売するため，農作物にするため，または追加的な生物資産を得るために，企業が生物資産の生物学的変化または収穫を管理することをいう。ここでいう「生物学的変化」（biological transformation）とは，生物資産の質的または量的な変化を生じさせるものであり，成長，変性，生産および生殖のプロセスからなる。また，「収穫」（harvest）とは，生物資産の果実を分離することまたは生物資産の生命活動を停止させることをいう（IAS 41, par. 5）。

　たとえば，林業者では，収穫前の植林地における樹木は「生物資産」であり，収穫時点における伐採された木は「農作物」である。仮に収穫（伐採）後に加工処理された丸太や材木などはIAS 2「棚卸資産」における製品，それが自己

---

1) 農業活動とは，幅広い活動が含まれ，具体的には家畜の飼育，林業，一年生植物または多年生植物の収穫，果樹の栽培及びプランテーション，草花栽培，養殖漁業（魚の養殖を含む）などが該当する（IAS 41, par. 6）。

163

の建物の建築のために利用された場合はIAS 16「有形固定資産」やIAS 40「投資不動産」における建物として，それぞれの基準が適用される。なお，農業活動に関連する土地や無形固定資産も同様に，IAS 41の適用外とされる（IAS 41, par. 5）。

2　生物資産・農作物の当初認識・測定および再測定

　企業は，次の場合に，「生物資産」または「農産物」を認識しなければならない（IAS 41, par. 10）。
　(a)　過去の事象の結果として，企業が資産を支配している。
　(b)　その資産に関連する将来の経済的便益が企業に流入する可能性が高い。
　(c)　その資産の公正価値または原価が信頼性をもって測定できる。

　このような認識要件を満たす生物資産および農作物は，従来，取得原価で測定されてきたが，IAS 41の公表により，公正価値測定に変更された。これに伴い，表8-1のように，分類および測定が行われることになった。

表8-1　生物資産・農作物の分類および測定

時　期	収　穫　前	収穫時点	収　穫　後
分　類	生物資産	農作物	加工処理された製品等
測　定	公正価値（原則） 取得原価（例外）	公正価値	IAS 2「棚卸資産」 IAS 16「有形固定資産」

　表8-1が示すとおり，生物資産の「収穫」を基準として資産が分類されることになる。収穫前の資産は「生物資産」に該当する。生物資産は，当初認識・測定時および再測定時において，「売却費用控除後の公正価値」で測定しなければならない。ただし，公正価値が信頼性をもって測定できない場合を除く（IAS 41, par. 12）。

　また，生物資産の「売却費用控除後の公正価値」による当初認識時および生物資産の「売却費用控除後の公正価値」の変動（価格変動，物理的変化による変動，追加的な生物資産の生成による変動）により発生する利得または損失は，発生した期の純損益に含めなければならない（IAS 41, par. 26）。「農作物」に

関しても，同様に処理される（IAS 41, par. 28）。

たとえば，×1年1月1日に，1歳の家畜5頭を1頭当たり100で購入した場合，次の仕訳が必要である。

（借）生　物　資　産　　　500　（貸）現　　　　　金　　　500

当期中に家畜の販売や処分はなかったが，×1年12月31日（決算日）に，1歳の家畜の「売却費用控除後の公正価値」が1頭当たり102，2歳の家畜の「売却費用控除後の公正価値」が1頭当たり105であった場合，次のような仕訳を行う必要がある。

（借）生　物　資　産　　　25[※1]　（貸）公正価値市価利得　　10[※2]
　　　　　　　　　　　　　　　　　　　公正価値成長利得　　15[※3]
　　　　※1　(105－100)×5＝25
　　　　※2　(102－100)×5＝10
　　　　※3　(105－102)×5＝15

生物資産の公正価値には，信頼性をもって測定できるという仮定がある。しかし，公表市場価格が利用可能でなく，また，それに代わる公正価値測定が明らかに信用できないと判断される場合には，当該生物資産は，減価償却累計額・減損損失累計額控除後の「取得原価」により測定しなければならない（IAS 41, par. 30）。

前記設例において，この家畜（生物資産）について「公正価値が信頼性をもって測定できない」と判断される場合，×1年12月31日には，次のように処理される。つまり，減価償却される（減価償却方法：定額法（直接法），残存価額：取得原価の10％，耐用年数：5年とする）。

（借）減　価　償　却　費　　　90　（貸）生　物　資　産　　　90

収穫時点の資産は「農作物」に該当する。農作物は，収穫時点での「売却費用控除後の公正価値」で測定しなければならない（IAS 41, par. 13）。つまりIAS 41では，農作物における公正価値は，常に信頼性をもって測定できるという立場を採っている（IAS 41, par. 32）。

収穫後の資産は，加工処理が施された資産となるため，製品または有形固定資産に該当する。その測定値は，IAS 2「棚卸資産」，IAS 16「有形固定資産」

などにおける取得原価となる（IAS 41, par. 13）。

このように，IAS 41は公正価値に基づく測定・再測定を要求しているが，ここでいう「公正価値」とは，測定日時点で市場参加者間の秩序ある取引において資産を売却するために受け取るであろう価格または負債を移転するために支払うであろう価格をいう（IAS 41, par. 8）。

このIAS 41における公正価値測定には，表8－2のように，ヒエラルキーが設けられている（IAS 41, pars. B 27～B 31）。表8－2から判明するように，それは三つに区分され，上位ほど公正価値として用いる信頼性，すなわち優先順位は高くなる。その区分は「活発な市場の存在の有無」および「利用可能な市場価格の有無」により行われる。

表8－2　公正価値のヒエラルキー

活発な市場が存在する場合 　・一つの市場…相場価格 　・二つ以上の市場…実際に利用しようとする市場の価格	高い ↑ 信頼性 ↓ 低い
活発な市場が存在しない場合 　○利用可能な市場価格がある場合 　　・当該資産の直近の市場価格 　　・類似資産の市場価格	
○利用可能な市場価格がない場合 　　・当該資産の属する分野の基準値 　　・予想正味キャッシュ・フローの現在価値	

活発な市場が存在する場合には，一つの市場であると，その市場の相場価格が用いられ，二つ以上であると，実際に利用しようとする市場の価格が用いられる。したがって，利用可能な市場における最も有利な価格が選択できるわけではない（IAS 41, par. B 31）。

活発な市場が存在しない場合においては，まず，利用可能な市場価格がある場合には，当該資産の直近の市場価格や類似資産の市場価格などに必要な修正を加えるなどして，これを利用することが考えられる（IAS 41, par. B 28）。

一方で，利用可能な市場価格がないと判断された場合には，当該資産の属する分野の基準値や予想正味キャッシュ・フローの現在価値を代用することとな

る（IAS 41, par. B 28）。

　いずれも測定に関しての信頼性に問題はないとされるが，上位であるほど信頼性は高い。

　また，活発な市場が存在しない場合の詳細なヒエラルキーについて，利用可能な市場価格が存在する場合には，それを優先的に利用することを示された。しかし，同区分で複数該当する項目がある場合には，その両者に優先順位はなく，企業の判断に委ねられることとなる（IAS 41, par. B 30）。

　わが国では，これらの資産に対しては取得原価による測定が行われている。しかし，取得原価と実現主義を組み合わせた現行会計モデルでは，生物資産の実質を変える生物学的変化に関連する事象を捉えることが十分でないと考えられるため，今後，IAS 41の公正価値測定をモデルとした農業会計全般の検討が求められる。

3　国庫補助金

　国庫補助金が生物資産に適用される場合，IAS 20では減価償却累計額・減損損失累計額控除後の取得原価により測定されることになるため，公正価値が信頼性をもって測定できない場合に限定される。一方，国庫補助金が「売却費用控除後の公正価値」により測定される生物資産が充当される場合には，IAS 41の公正価値測定が優先され，IAS 20と異なる処理が適用される（IAS 41, par. 38）。

4　財務諸表上の開示

　財務諸表上の開示については，(a)全般的事項，(b)生物資産の公正価値が信頼性をもって測定できない場合の追加開示，(c)国庫補助金を利用して生物資産を取得した場合の開示に分けて，開示項目が挙げられている（IAS 41, pars. 40～57）。

Ⅱ　探査・評価資産会計

1　探査・評価資産の意義

「探査・評価資産」(exploration and evaluation asset) とは，企業の会計方針に従って資産として認識される探査および評価に関する支出である (IFRS 6, 付録A)。探査および評価に関する支出とは，具体的には，探査権の取得から鉱物資源採掘の技術的可能性・経済的可能性が立証可能となった時点までの支出をいう (IFRS 6, par. 5)。鉱物資源の探査および評価には，たとえば，次のような支出が含まれる (IFRS 6, par. 9)。

(a)　探査権の取得
(b)　地勢的，地理的，地球化学および地球物理学的研究
(c)　探査向け掘削
(d)　トレンチ作業
(e)　標本採取
(f)　鉱物資源の採掘の技術的可能性および経済的実行可能性の評価に関する活動

こうした支出のうち，発生した時点で費用化されることなく翌期以降に繰り延べられたものが「探査・評価資産」である。探査・評価資産には，探査権の取得以前に要した支出や鉱物資源の開発に係る支出，採掘の技術的可能性・経済的可能性が立証可能となった時点以降の支出は含まれない。

2012年に公表されたIFRS 6の中で，こうした資産の認識・測定に係るガイダンスが提供されているが，IFRS 6の公表前には，探査・評価に係る支出はIAS 8「会計方針，会計上の見積りおよび誤謬」に照らして会計処理することが求められていた[2]。そこでの要求事項を充たしているかどうかの判断が困難

---

2)　「類似の事項や関連する事項を扱っている国際財務報告基準および解釈指針の要求事項」や「フレームワークにおける資産，負債，収益および費用に関する定義，認識規準及び測定概念」(IFRS 6, par. 10) を参照するなど，IAS 8 (pars. 10~12)

であり，そのために，実務も多岐にわたり，IAS 8（par. 10）が参照するよう求めている類似の事項，たとえば研究開発費と異なる処理をしている企業が多いという（IFRS 6, par. IN. 1）。実務を改善すべく設定された基準がIFRS 6である（IFRS 6, pars. 2 and BC. 2）。ただし，IFRS 6は，あくまでも暫定的な基準であることに注意したい。

2　探査・評価資産の当初認識・当初測定

　鉱物資源の探査・評価の支出すべてまたはその一部を，「探査・評価資産」として認識するかの会計方針は，基準上はIAS 8第10項に照らして決定される（IFRS 6, par. 6）が，実質的には特定の鉱物資源の発見とそれに要した支出との因果関係が問題となるであろう。すなわち，特定の鉱物資源の発見，ひいてはそれがもたらす将来のキャッシュ・インフローに直接関連づけることができる支出であれば，収益費用の対応を重視し，資産として認識できるということであろう。ただし，IFRS 6は探査・評価活動に直接起因する一般管理費を探査・評価資産の原価には含めないとしている（IFRS 6, par. BC. 28）。

　こうした探査・評価資産の認識は，研究活動の支出は発生時に費用処理するものの，他方で，将来のキャッシュ・フローに直接関連づけうる開発活動の支出は無形資産として認識しなければならないIAS 38「無形資産」の規定と整合的であるように思われる。

　探査・評価資産は取得原価で測定され，有形固定資産と無形固定資産に区分して表示される（IFRS 6, pars. 8 and 15）。いずれも事業投資である。また，それらの帳簿価額には，IAS 37「引当金，偶発債務及び偶発資産」に準拠して探査・評価の結果発生した撤去・復旧に係る債務も含める（IFRS 6, par. 11）。

　たとえば，M社が20×1年度に石油探査権を10億円で取得するとともに，試掘のための機械設備2億円を購入した場合，次のような仕訳処理が考えられる。

　　に照らして会計処理することが求められる。

（借）石 油 探 査 権 1,000,000,000 （貸）現　　　　金 1,200,000,000
　　　機 械 設 備　　200,000,000

3　探査・評価資産の再測定

　当初認識・測定後には，「原価モデル」または「再評価モデル」のいずれかを適用しなければならない。「再評価モデル」を適用する場合には，有形固定資産として区分されたものについてはIAS 16「有形固定資産」，無形固定資産として区分されたものについてはIAS 38「無形資産」に基づいて処理される（IFRS 6, par. 12）。

　減損については，年次での減損の検討を求めるIAS 36ではなく，「事実と状況から探査・評価資産の帳簿価額がその回収可能金額を超過する場合」（IFRS 6, par. 18）には，IFRS 6第20項に基づき減損を検討しなければならない。探査・評価活動そのものはキャッシュ・フローを生まず，他方で，探査および評価の段階では将来のキャッシュ・フローの予測もそれに係る情報入手も困難である（IFRS 6, par. BC. 36）。そのことから，IAS 36の年次での減損の検討を求めることができないと判断したのであろう。減損の検討が求められる「事実と状況」については，次の事項が例示列挙されている（IFRS 6, par. 20）。

(a) 企業が特定の箇所を探査できる権利を有している期間は，当期で終了するかまたは近い将来に終了する予定であり，かつ，更新が期待されていない。

(b) 特定箇所の鉱物資源に対するさらなる探査および評価に関する実質的な支出に対する予算が立てられておらず，計画もされていない。

(c) 特定箇所の鉱物資源の探査および評価を行っても，経済的実行が可能な数量の鉱物資源の発見につながらず，企業は特定箇所のそうした活動の廃止を決定している。

(d) 特定箇所の開発が進められていく可能性は高いが，探査・評価資産の帳簿価額には，開発が成功しても，または販売されても，完全に回収される可能性が少ないことを示す十分なデータが存在する。

探査および評価については，次の事項を開示しなければならない（IFRS 6, par. 24）。
 (a) 探査・評価資産の認識を含む，探査および評価に関する支出についての会計方針
 (b) 鉱物資源の探査および評価から生じた，資産，負債，収益および費用，営業活動キャッシュ・フローおよび投資活動キャッシュ・フローの金額

4　今後の課題

　石油や天然ガス，石炭など，鉱物資源の探査・評価活動はきわめてリスクの高い事業であり，ビジネスとして成り立つような規模の油田を発見するまでに長期間にわたる探査と何本もの試掘が必要になる。石油・天然ガスの探査権の取得や試掘を行っても失敗する確率は成功する確率よりもはるかに高く，探査や採掘を繰り返すことでようやく油田の発見に到達する。しかし，そのコストは，仮に探査や試掘が失敗に終わったとしても，それは成功へのステップに必要不可欠なものであり，そのコストなくして事業は成り立たないことになる。

　そのような事業に伴って不可避的に発生するコストの期間配分をどのように考えるかは大きな論点であるとともに，企業の業績に与える影響も重要であろう。オーストラリアでは，2012年に鉱物資源利用税（minerals resource rental tax）が導入され，鉱物資源に伴う収益・費用の測定がこうした税額の算定に際して重要な問題となり，鉱業界の大きな関心事となっている。

Ⅲ　偶発資産会計

1　偶発資産の意義および偶発資産会計の動向

　「偶発資産」（contingent asset）とは，過去の事象から発生しうる資産のうち，企業が完全には支配していない将来の一つまたは複数の不確実な事象の発生の有無によってのみ，その存在が確認される資産をいう（IAS 37, par. 10）。

　偶発資産および偶発負債は偶発事象から生ずるものであるが，偶発事象自体

の意義は規定されておらず，偶発資産，偶発負債それぞれの意義が示されている。また，これまでの偶発事象に関する基準は，その多くが偶発負債（またはそれに関連する引当金）についての記述が多く，偶発資産に関する記述および議論は少ない。

一方，わが国では，偶発資産に関する明文規定がないため，その意義は明確でない。

偶発資産に関する現行の会計基準であるIAS 37（2005年改訂）では，「偶発資産」という用語および「偶発資産」に関する開示（経済的便益の流入の可能性の高い場合には，偶発資産の内容，財務上の影響の見積額を開示すること）を削除することが暫定的に合意されている[3]。

偶発事象会計では，偶発負債を中心にして古くから多くの検討が行われてきたが，今後はそれを「偶発資産」と「偶発負債」に分けることで，偶発負債会計はIAS 37（2005年改訂）に集約される見込みであり，一方の偶発資産会計は，IAS 37（1998年）で示される当初認識にかかる蓋然性の問題を残して，他の会計基準へと併合されることになる。

すなわち，IAS 37（1998年）は，引当金および偶発負債に関してはIAS 37（2005年改訂）による「非金融負債」(non-financial-liabilities) などに引き継がれ，「偶発資産」については収益の認識に関する会計基準などに包含されることになる。

2 偶発資産の当初認識・測定および開示

企業は，偶発資産を認識してはならない（IAS 37, par. 31）。

まず，当初認識に関しては，偶発資産の意義を満たしていることを前提にして，さらに，認識要件を満たすことが必要となる。認識要件は，表8－3に示

---

[3] 偶発資産は，資産の定義を満たし無条件で資産となり得るものと条件付権利がある。無条件である前者は，物的実体のない無条件の資産なのでIAS 38の無形資産として認識することとし，これによって偶発資産を削除することが可能であると提案されている。

す経済的便益の流入の可能性による。それに従い，認識，開示（注記）および非開示に分類される。

表8－3　IAS37における偶発資産の当初認識

経済的便益の流入の可能性	偶発資産の認識・分類
ほぼ確実である	偶発資産として認識する。ただし，資産は偶発資産ではなく，他の適切な資産として計上される。
可能性が高い	偶発資産として認識されない。ただし，開示（注記）は必要である。
合理的に可能性がある	偶発資産として認識されない。また，開示も必要とされない。
可能性がほとんどない	

IAS37においては，偶発資産の当初認識を「ほぼ確実な」(virtually certain) 場合に限定している。これは，伝統的な保守主義に基づくものである[4]。

つまり，偶発資産ではなく，それと同時に生じる「偶発利得」について，収益の実現がほとんど確実になった場合にのみ認識される。しかし，その際には，関連する資産は偶発資産ではなく，他の適切な資産となる（IAS37, par.33）。

また「可能性が高い」[5] (probable＝more likely than not) 場合には，偶発資産として開示（注記）を行い，「合理的に可能性がある」(reasonably possible) 場合および「可能性がほとんどない」(remote) 場合には，「偶発資産」としての開示も必要としない。

このような偶発資産の当初認識は，偶発負債の当初認識と相違する。つまり，

[4) わが国においても，「未実現利益は，原則として，当期の損益計算に計上してはならない」（「企業会計原則」損益計算書原則・一・A）と規定されていることから，IAS37と同様と考えられる。

[5) "more likely than not" は「結果が生じないというより生じる（可能性が高い）」であり，50％超程度の確率を想像させる。それに対し　SFAS5では，probableの解釈を "the outcome is likely to occur"（結果が生じるであろう）としている。同じ "probable" を用いているが，IAS37とSFAS5では明らかに認識時点の判断は異なる。

偶発負債としての当初認識されるのは，表8-3でいうところの「ほぼ確実である」場合または「可能性が高い」場合であり，引当金として認識されることになる[6]。

偶発資産は，通常，計画外または予想外の事象の発生により，企業に経済的便益を有する資源の流入の可能性をもたらすものである。その例として，企業が法的手続きにより訴求中であるが，その結果が不確実な場合の請求権がある（IAS 37, par. 32）。たとえば，訴訟に伴う双方（訴求・被訴求）の立場において，認識される時点が異なることから問題となるケースも考えられる。この場合，開示することが企業の立場を著しく不利にすると予測することができる場合は，企業はその情報を開示する必要はなく，係争の一般的内容にとどめることができる（IAS 37, par. 92）。

しかし，偶発事象として偶発資産と偶発負債の認識時点の相違があり，それがさらに各基準により蓋然性が異なることは問題があるといえよう。IASBは，それを解消するため公正価値による当初認識を採り入れたIAS 37（2005年改訂）を公表しているが，発生の確率が非常に低い事象の金額をどのように見積もるか，また最頻値または期待値をどのように組み合わせるかという測定の問題も孕んでおり，現在も最終公表に至っていない。

開示については，経済的便益の流入の可能性が高い場合，企業は決算日における偶発資産の簡潔な内容を開示し，実務上可能な場合には，引当金についての原則を用いて測定された，偶発資産の財務上の影響の見積額を開示しなければならない（IAS 37, pars. 34 and 89）。

ただし，偶発資産の開示に当たっては，あたかも収益が発生する可能性があると誤解されないようにしなければならない（IAS 37, par. 90）。また，情報の入手に過大な費用または労力が必要な場合には，その旨を開示しなければならない（IAS 37, par. 91）。

たとえば，×1年3月25日に，これまで係争中であった訴訟に関して第1

---

6) 偶発負債の回収見込額としての偶発資産は，この当初認識に従う。

審・第2審とも当社（決算日：3月31日）が勝訴しているが，最終審の結審を迎えるに当たり，顧問弁護士の見解では，最終審において勝訴の判決が覆る可能性は非常に低く，第2審までの状況から合理的に見積もられる損害賠償金は5,000万円であるという。判決は4月10日を予定し，また，翌期に判決後に受け取った損害賠償金は5,200万円であり，6月30日に当社に振り込まれた場合の×1年3月31日（決算日）の仕訳は，次のとおりである。

×1年3月31日（決算日）：

　　（借）未収損害賠償金　50,000,000　（貸）損害賠償金　50,000,000

　×1年3月31日（決算日）において，訴訟の最終審であることおよび顧問弁護士の見解から，訴訟という偶発事象における損害賠償金が受け取れる可能性は，表8−3でいう「ほぼ確実」（virtually certain）であると言える。したがって，合理的に見積もられた損害賠償金5,000万円をもって仕訳を行い，その際，判決および実際の損害賠償金の受取りは4月10日以降（翌期）になることから，借方は未収損害賠償金（資産）として計上し，貸方は損害賠償金（収益）となる。なお，翌期首には再振替仕訳を行う。

×1年4月1日（期首）：

　　（借）損　害　賠　償　金　50,000,000　（貸）未収損害賠償金　50,000,000

　判決を受けたため，損害賠償金として受け取られる金額は，借方は未収金として計上される。

×1年4月10日（判決日）：

　　（借）未　　収　　金　52,000,000　（貸）損　害　賠　償　金　52,000,000

×1年6月30日（損害賠償金受取日）：

　　（借）現　金　預　金　52,000,000　（貸）未　　収　　金　52,000,000

3　偶発資産の再測定

　「偶発資産」については，継続的に評価しなければならない。経済的便益を有する資源が流入する可能性が高くなった場合には，偶発資産を開示し，それがほぼ確実となった場合には，その年度に資産および関連する収益を認識しな

ければならない（IAS 37, par. 35）。つまり，表8－3で示す当初認識を継続して行わなければならない。

Ⅳ 外貨換算会計

1 外貨換算会計の意義およびIAS 21のアプローチの特徴

　企業が事業活動を拡大するに伴って，自国あるいは所在する地域や国の通貨を用いて事業活動を行う場合（活動範囲の国際化），また，海外に支店や子会社等の組織を設立し，その事業活動を拡張した場合（活動組織の国際化），その結果を企業は連結財務諸表等を使って対外的にその活動報告を行う必要性が生じる。その際に，外貨換算の課題が生じることになる。

　外貨換算の主要な領域は，(1)外貨建取引を記帳する際に外貨を報告通貨に換算すること，(2)外貨による会計帳簿を独自に記録する在外子会社・関連会社，ジョイント・ベンチャーまたは支店である在外営業活動体の成果を連結財務諸表に組み込むことの二つとなる。

　IASCにより1983年7月に公表されたIAS 21（1983年）は，その検討経緯およびアプローチからみて，1983年に公表された英国のSSAP 20が採用した状況的換算法（テンポラル法と決算日レートとの併用）とほぼ等しい会計基準であった。IAS 21（1983年）は，現地主義という考え方に基づいて在外子会社等の作成する外貨表示財務諸表を連結あるいは持分法を適用する際，企業グループの経営者や投資家等の立場に立って換算を行い，企業グループ全体としての当期損益や親会社の為替リスクを表示するという考え方に依拠している。

　IAS 21（2003年改訂）は，「機能通貨アプローチ」を採用しており，決算日レート法を中心として為替リスクを明示する換算方法に移行している。IAS 21（2003年改訂）が採用した換算アプローチは，報告企業の為替リスクや当期損益，また報告通貨のキャッシュ・フローへの影響の適正な算定表示を目的とする。その目的を達成するために，機能通貨アプローチ，在外営業活動体の経済的実質に基づく分類，為替差損益の当期の損益計算書への計上または株主持分

の部への為替換算調整勘定の計上という差別的な処理を行っている。財務諸表を作成する際，各事業体は，独立した個別企業であろうと在外営業活動体を有する企業（たとえば，親会社）または在外営業活動体（たとえば，子会社または支店）であろうと，機能通貨（functional currency）を決定する。外貨項目は機能通貨に換算され，当該換算の影響を報告する（IAS 21, par. 17）。IAS 21は，報告企業の表示通貨（presentation currency）についてはいかなる通貨（または複数に通貨）の使用も許容している。機能通貨が表示通貨と異なる報告企業に含まれる個々の企業の業績および財政状態は，IAS 21に示されたルールに従って換算される（IAS 21, par. 18）。

2　機能通貨の決定

　「機能通貨アプローチ」とは，機能通貨に基づいて換算方法を決定する方法をいう。IAS 21では，機能通貨を事業体が営業活動を行う主要な経済環境で用いられ，現金収入をもたらす通貨をいい，本質的に測定通貨と同義に用いられている。また，独立した個別企業であるか，在外営業活動体（子会社や支店等）であるかにかかわらず，主たる指標に基づいて機能通貨が決定される（IAS 21, pars. IN 6, 8～12）。

　「機能通貨」とは，①財貨および役務の販売価格に大きく影響を与える通貨（しばしば財貨・役務の販売価格が表示され，決済されるときの通貨），②競争力および規制が財貨・役務の販売価格を主に決定することになる国の通貨，③労務費，材料費，財貨・役務を提供するためのその他の原価に主に影響を与える通貨である（IAS 21, par. 9）。

　たとえば，上記諸要因を考慮して，ある事業体（たとえば，米国現地法人）が機能通貨として米国ドルを選択した場合には，親会社である日本企業の機能通貨が日本円であっても，IFRS上は，米国ドルを使用して帳簿記入することになる。すなわち，機能通貨は在外営業活動体ごとに決定する必要がある（IAS 21, pars. IN 7）。

3 外貨建取引

　IAS 21（par. 20）では,「外貨建取引」とは外国通貨で表示し,外国通貨で決済される取引をいう。外貨建取引を機能通貨で当初認識する場合,原則として,取引日レートによって換算される（IAS 21, par. 21）。しかし,実務上の配慮から,その近似相場として,1週間,1か月間の平均レートを適用することも許容されている（IAS 21, par. 23）。

　当初認識後,決算日ごとに外貨建項目のうち,貨幣性項目は決算日レートによって換算・報告される（IAS 21, par. 23）。また,取得原価で記録されている非貨幣性項目は取引日レートによるが,公正価値で測定されている場合には,決算日レートによって換算・報告される（IAS 21, par. 23）。

　外貨建取引を換算することから生じる換算差額は,その期の損益として認識される（IAS 21, par. 28）。なお,公正価値で測定される非貨幣性項目の評価差額が直接に株主持分に計上される場合には,当該換算差額は同様に株主持分に計上されなければならない。また,評価差額が損益として認識されている場合には,換算差額も同様に損益として認識されなければならない。

　企業の表示通貨と機能通貨が相違する場合には,企業はその業績と財政状態を表示通貨に換算する（IAS 21, par. 38）。

4 在外営業活動体の外貨表示財務諸表の換算

　「在外営業活動体」とは,その活動が報告企業と異なる国または通貨に基盤を置いているかまたは営まれている事業体である。その在外営業活動体への純投資（net investment in a foreign operation）とは,当該営業活動体の純資産に対する報告企業の持分の額をいう（IAS 21, par. 8）。これには,株主持分のほか,決済が計画されておらず,かつ,予見し得る将来において決済が発生しそうにない項目,たとえば,長期未収金または長期貸付金などが含まれる場合がある（IAS 21, par. 15）。ただし,営業債権および営業債務は含まれない。たとえば,ある企業に2社の子会社A,Bが存在して,子会社Aは子会社B（在外営業活動体）に対して貸付を行っている場合で,子会社AとBとの間で

貸付金の決算が予定されず，かつ，予見可能な将来において決済が発生しそうにない場合には，子会社Bに対する純投資の一部となる（IAS 21, par. 15 A）。これは，在外会社が本来資本の受入として処理されるべきものを借入金として処理し，利子費用として損金算入することを狙ったものである。これは，経済的実質に応じた処理方法といってよいと解される。

報告企業の表示通貨と機能通貨が同じであるが，機能通貨以外の通貨（外貨）で記録を行っている在外営業活動体の外貨表示財務諸表を機能通貨へ変換する際には，外貨建取引の決算日における換算・報告と同様の方法が用いられる（IAS 21, par. 34）。つまり，貨幣性項目は決算日レート，取得原価が付されている非貨幣性項目は取得日レート，公正価値で評価されている非貨幣性項目は決算日レートによって換算される。このような換算方法は，「テンポラル法」（temporal method）と呼ばれる。

一方，損益項目については，原則として，取得日レートによって換算されるが，近似する一会計期間の平均レートによることも容認されている（IAS 21, par. 22）。財務諸表の換算から生じる換算差額も，外貨建取引に係る換算差額と同様に，その期の損益として認識される。なお，在外営業活動体に対する報告企業の純投資額の一部を構成する貨幣性項目を換算する際に生じる換算差額は，報告企業の個別財務諸表上では損益として認識されるが，連結財務諸表等では株主持分として認識される。そして，かかる純投資額が処分される時に，当該換算差額は損益として認識される。

さらに，報告企業の表示通貨と機能通貨が異なる在外営業活動体の外貨表示財務諸表を表示通貨へと換算する際には，すべての資産・負債項目は決算日レート，損益項目は取得日レートで換算される（IAS 21, par. 39）。損益項目については，実務上の配慮から，取得日レートに近似した平均レートによる換算も容認されている（IAS 21, par. 40）また，このように当該財務諸表を換算することから生じるすべての換算差額は，株主持分の項目として認識される（IAS 21, pars. 39 and 41）。なお，当該在外営業活動体が処分された場合，株主持分の項目として繰り延べられてきた換算差額の累積額は，損益として認

識される (IAS 21, pars. 48～49)。

　また，在外営業活動体の処分時には，株主持分の区分に累積されていた当該在外営業活動体に関連した為替差額の累計額は適正に処理されなければならないが，たとえば，処分による利得または損失が認識される時には株主持分から純損益に（組替調整額として）振り替えなければならない (IAS 21, par. 48)。

V　超インフレ経済下における財務報告

1　範囲と超インフレ経済の定義

　IAS 29は，機能通貨が超インフレ経済国の通貨であるすべての企業の連結財務諸表を含む財務諸表に対して適用される。しかし，超インフレとみなす絶対的なインフレ率を定めるものではなく，また，どのような場合にIAS 29に準拠した財務諸表の修正再表示が必要であるかについては，判断の問題である。超インフレは，当該国の経済環境の以下のような特徴によって示されるが，必ずしもこれらに限定されるものではないとする (IAS 29, par. 3)。

(a)　一般市民は，財産を非貨幣性資産または比較的安定した外貨で保有することを選好する。保有した自国通貨は，その購買力を維持するために直ちにそれらへ投資される。

(b)　一般市民は，自国通貨ではなく相対的に安定した外貨で貨幣額を測定する。価格が当該外貨で示される場合もある。

(c)　信用売買は，たとえ短期間であっても，与信期間中に予想される購買力の損失を補填する価格で行われる。

(d)　利率，賃金および価格が物価指数に連動する。

(e)　3年間の累積インフレ率が100％に近いかまたは100％を超える。

　同一の超インフレ経済国の通貨で報告するすべての企業は，同一日付からIAS 29を適用することが望ましい。しかし，ある企業がその報告通貨国において超インフレの存在を認識した期の期首から当該企業の財務諸表に適用する (IAS 29, par. 4)。

2　財務諸表の修正再表示
(1)　修正再表示の意義

　物価は，さまざまな個別的または一般的な政治・経済および社会的要因によって常に変動している。また，個別価格においても需給関係の変化および技術革新などの個別要因によって著しくまた他の個別価格とは無関係に騰落することがある。さらに，一般的要因によって一般物価水準が変動し，その結果，貨幣の一般購買力も変動する（IAS 29, par. 5）。

　このような経済状況下において，取得原価主義会計に基づいて財務諸表を作成する企業は，一般物価水準の変動または認識している資産・負債の個別価格の上昇は考慮しないで，これを作成している。これに対する例外は，公正価値で測定することを企業が要求されるかまたは選択した資産・負債においてである。たとえば，有形固定資産は公正価値で再評価することが容認されており，生物資産は一般に公正価値で測定することが要求されている。また，保有する資産の個別価格の変動の影響を示す現在原価会計に基づいて財務諸表を表示している企業もある。ここで，財務諸表の修正再表示（再評価）に関するポイントを列挙しておく（IAS 29, pars. 8〜37）。

(a)　超インフレ経済にあっては，財務諸表が取得原価会計または現在原価会計のいずれに基づいているかどうかにかかわらず，報告期間の末日現在の測定単位で表示されなければならない。

(b)　IAS 29は，機能通貨が超インフレ経済国の通貨で報告する企業の財務諸表に適用される。IAS 29で要求された情報を，修正再表示を行わない財務諸表の補足情報として表示することも，修正再表示前の財務諸表を別途に表示することも認められない。

(c)　IAS 1「財務諸表の表示」（2007年改訂）で要求されている，対応する前期の数値およびそれ以前の会計期間に関する比較情報は，報告期間の末日現在の測定単位で表示しなければならない。

(d)　正味貨幣持高に関する損益は，純損益に算入し別個に開示しなければならない。

ただし，経済が超インフレでなくなり，企業がIAS29に従った財務諸表の作成表示を中止する場合には，前期末現在の測定単位で表示された金額をその後の財務諸表の帳簿価額の基礎として取り扱わなければならない（IAS29, par. 38）。

取得原価を基礎として作成された財務諸表に関して修正再表示する場合，次のような会計処理が行われる。

(2) 財政状態計算書

報告期間の末日現在の測定単位でまだ表示されていない財政状態計算書の金額は，一般物価指数を適用することによって修正再表示される（IAS29, par. 11）。

① 貨幣項目

貨幣項目は，すでに報告期間の末日現在の貨幣単位で表示されているために修正再表示されない（IAS29, par. 12）。貨幣項目とは，保有している貨幣および貨幣による受取・支払項目をいう。

② 非貨幣項目

上記以外のすべての資産および負債は非貨幣性項目であるが，その中には報告期間の末日現在の価額で計上されるものがあり，それらは修正再表示されないが，それ以外のすべての非貨幣性資産および負債は修正再表示される（IAS29, pars. 14〜19）。

ほとんどの非貨幣性項目は，原価または減価償却累計額控除後の原価で計上されていることから，これらの項目はそれらの取得日現在の価額で表示されている。これら項目の原価または減価償却費控除後の原価の修正再表示は，取得日から貸借対照日までの一般物価指数の変動を取得原価および減価償却累計額に適用することによって算定される。たとえば，有形固定資産，原材料および商品，のれん，特許権，商標権，その他類似する資産は，それらの購入日から修正再表示される。仕掛品および製品は，仕入原価及び加工費の発生時から修正再表示される。ただし，正味実現可能価額および公正価値などにより報告期間の末日現在の価額で計上される非貨幣性項目は修正再表示されない。

たとえば，×1年1月1日（物価指数：100）に機械を1,000で取得し，×1年12月31日（物価指数：150）の決算日に20％の減価償却計算を行い，×2年12月31日（物価指数：200）の決算日に20％の減価償却計算を行う場合における会計数値は，次のとおりである。

	繰越残高	物価指数	物価指数による修正	減価償却累計額	修正後表示
取得原価	1,000	150	150/100＝1,500		1,500
減価償却費				1,500×20％＝300	
減価償却累計額					(300)
×1年12月31日					1,200
取得原価	1,500	200	200/150＝2,000		2,000
減価償却費				2,000×20％＝400	
減価償却累計額				300×200/150＝400	(700)
×2年12月31日					1,300

(3) **包括利益計算書**

IAS 29（par. 26）では，包括利益計算書のすべての項目を報告期間の末日現在の測定単位で表示することを要求している。したがって，すべての収益・費用項目はそれらを最初に財務諸表に記録した時点から一般物価指数の変動を適用して修正再表示する必要がある。

(4) **正味貨幣持高に関する利得または損失**

インフレーション期間にあっては，資産・負債が物価水準に連動しない限り，貨幣性負債よりも貨幣性資産を多く有する企業は，その超過額について購買力を失い，他方，貨幣性資産よりも貨幣性負債を多く有する企業は，その超過額について購買力を得る。

この正味貨幣持高に関する利得または損失は，非貨幣性資産，株主持分および包括利益計算書項目の修正再表示ならびに物価指数に連動する資産・負債の修正による差額として算定される（IAS 29, par. 27）。当該利得・損失の金額は，貨幣性資産・負債との差額の期間中の加重平均値に一般物価指数の変動を適用することによって見積もることができる。こうした正味貨幣持高に関する利得・損失は，純損益に算入される。

また，契約によって物価変動に連動する資産・負債について行われた修正額は，正味貨幣持高に関する利得または損失と相殺される（IAS 29, par. 28）。

　受取利息・支払利息，投資または借入金に関係する為替差額などのようなその他の収益・費用の項目も，正味貨幣持高に関連する。このような項目は，別個に開示されるが，それらが包括利益計算書において正味貨幣持高に関する利得または損失とともに表示されることが望ましい。

(5) **連結財務諸表**

　超インフレ経済国の通貨で報告する親会社が超インフレ経済国の通貨で報告する子会社を有している場合には，こうした子会社の財務諸表は，親会社が公表する連結財務諸表に含められる前にその報告通貨の一般物価指数を適用して修正再表示する必要がある（IAS 29, par. 35）。このような子会社が在外子会社である場合には，その修正再表示後の財務諸表は決算日レートで換算される。また，異なる決算日を有する財務諸表を連結する場合には，すべての項目が非貨幣性項目であるか貨幣性項目であるかにかかわらず，当該連結財務諸表の報告期間の末日現在の測定単位で修正再表示する必要がある（IAS 29, par. 36）。

3　開　　　示

　超インフレ経済下における財務報告においては，次の事項を開示しなければならない（IAS 29, par. 39）。

(a) 財務諸表および当期に対応する前期以前の数値が機能通貨の一般購買力の変動によって修正再表示され，その結果，報告期間の末日現在の測定単位で表示されている旨

(b) 財務諸表が取得原価会計または現在原価会計のいずれに基づいて作成されているかの旨

(c) 使用した物価指数，報告期間の末日現在の物価指数水準および当期と前期間の当該指数の変動

4 むすび

　超インフレ経済に対応するためのIAS 29は，1970年代から80年代にかけて発生した超インフレ国における会計処理に対応するために公表された基準であるが，これを過去のケースとして軽視すべきではない。グローバルな金融経済下にある今日，異種複数の価格が国内の物価変動のみならず国際経済情勢に対応した為替相場においても著しく変動する。そこでの著しい変動の可能性は決して発展途上国に限った問題ではなく，新興国あるいは先進国においても起こり得る現象と考えるべきである。すなわち，実物経済と金融経済の乖離現象，あるいは両者のゆがみは，いつどこの国で顕在化しても不思議ではないのである。その意味からも，IAS 29は今日においても少なからず意義を有している基準といえる。

VI　開示に関する課題

1　IFRSにおける注記の役割と問題点

　IFRSにおいて「表示」(presentation) と「開示」(disclosure) の概念は区別して用いられる。すなわち「開示」は，財務諸表本体ではなく，注記において金額または文章を用いて説明を行う場合に用いられる。

　IAS 1 (par. 112) は，注記の役割について，次のように述べている。
① 　会計方針の開示に係る規定 (pars. 117～124) に従い，財務諸表の表示の基礎および採用している具体的な会計方針に係る情報を開示する。
② 　IFRSで要求される情報のうち財務諸表のどこにも表示されていないものを開示する。
③ 　財務諸表のどこにも開示されていないが，それらの理解に関連性のある情報を提供する。

　注記には，財務諸表本体に表示されている項目の説明や各項目の分解情報，あるいは本体における認識の要件を満たしていない項目に係る情報等が含まれる (IAS 1, par. 7)。ただし，IFRSの一般的な特徴の一つに，注記の量がかな

り多いことが挙げられる。最近では，作成者に対する開示に係る負担が増大する一方で，投資者には必要とする情報が得られないという懸念も指摘されている（秋葉［2014］59頁）。特に，「情報に重要性（materiality）がない場合には，企業はIFRSに定められた特定の開示を要しない」（IAS1, par. 31）という規定が実際には有効に機能しておらず，IFRSにおける詳細な注記規定がいわば細則主義的にそのまま適用されていることに，その理由があるとの認識がある。

　注記の意義と役割について，包括的な検討と改善を求める議論は国際的に高まっている（FRC［2012］，EFRAG/ANC/FRC［2012］，FASB［2012］）。そのひとつとして，IASBからの諮問を受けて，2011年10月にスコットランド勅許会計士協会（ICAS）とニュージーランド勅許会計士協会（NZICA）が公表した「報告書」（ICAS＝NZICA［2011］）は，財務諸表本体に関連した不必要に詳細な注記情報を削減し，財務諸表の有用性を高めるための勧告を行っている。

　以下では，当該「報告書」におけるIAS 16の注記の削減について例示し，重要性に係る判断を強調して注記を合理化するための考え方と方法を概観する。

2　IAS 16における注記の削減方法

　「報告書」は，財務諸表上の表示項目に重要性があれば，当該表示項目とこれに関連するすべての情報を注記において開示するとされてきた従来の考え方が注記の増加に繋がっていると認識している。これに対して，「報告書」は，表示項目に重要性があっても，当該項目に関連する追加情報たる注記も必然的に重要性があるわけではないと指摘する（「報告書」par. 16）。

　「報告書」は，重要な表示項目と，追加的な開示を求める注記における重要な情報の区別を強調する。すなわち，①重要な表示項目，②重要な注記情報および③重要性がない項目および情報に分類する点に特徴がある（「報告書」pars. 19～20）。したがって，表示項目か注記情報かを判断した上で，特定の項目に重要性がある場合には，財務諸表本体または注記において表示または開示し，重要性がない場合には合算し，追加的な作業は不要となる。また，個々の

情報の構成要素に重要性があれば注記において開示し，重要性がない場合には注記を不要とする。

「報告書」は，重要性の判断を基礎として重要な注記情報を識別し，注記の削減に当たっては，たとえば下記のような方針を示している（「報告書」par. 8）。

① 規定の位置づけが曖昧な「開示奨励規定」（"encouraged" disclosures）は削除する。
② 重要性のない項目の開示に結果している増減表（reconciliation）を削除し，重要な増減の要約（summary）を求める。
③ 情報が重要である場合にのみ開示が求められることを個々の規定上も明確にする。
④ 財務諸表において会計方針の要約を繰り返すのではなく，たとえばウェブサイトを利用して重要な会計方針に係る相互参照を提供する。

ここでは，「報告書」が提案したIAS 16の注記削減例を示すが，取消線を引いた規定については削除，ゴチック部分については規定の修正が提案され，相互参照を求めた78項と79項の開示奨励規定は，上記の方針に基づきすべて削除されている（ICAS＝NZICA［2011］，pp. 89〜91）。

開　　示（pars. 73〜77）

73　財務諸表には，**重要な**有形固定資産の種類ごとに次の事項を開示しなければならない。
(a) ~~減価償却累計額控除前帳簿価額を決定するために用いられた測定基礎~~
(b) ~~採用された減価償却方法~~
(c) ~~採用された耐用年数または減価償却率~~
(d) ~~期首と期末の減価償却累計額控除前帳簿価額および減価償却累計額（減損損失累計額と合算する）~~
(e) ~~次の項目を示した期首と期末の帳簿価額の調整表~~**重要な増減の要約**
　(i) ~~追加事項~~
　(ii) ~~IFRS 5に従って，売却目的保有として区分された資産または売却目的として保有する資産として区分される処分グループに含まれた資産，その他の処分資産~~
　(iii) ~~企業結合による取得~~

- (iv) ~~31項，39項および40項に基づく再評価，IAS 36に従ってその他の包括利益に認識されるか，または戻し入れられた減損損失から生じた増加または減少~~
- (v) ~~IAS 36に従って純損益に認識された減損損失~~
- (vi) ~~IAS 36に従って純損益に戻し入れられた減損損失~~
- (vii) 減価償却額
- (viii) ~~機能通貨から異なる表示通貨への財務諸表の換算から生じる正味の為替換算差額（報告企業の表示通貨への在外事業体の換算を含む）~~
- (ix) ~~その他の増減~~

74 **重要性がある場合**，財務諸表には次の事項についても開示しなければならない。
- (a) 所有権に対する制限の有無および金額，ならびに負債の担保として抵当に入れられた有形固定資産の有無および金額，**および**
- (b) 建設中の有形固定資産項目の帳簿価額に含めて認識された支出額
- (c) 有形固定資産の取得に関して契約上確約している金額
- (d) ~~包括利益計算書に個別に開示されていない場合には，減損，滅失または手放した有形固定資産項目に対して純損益に計上される第三者からの補填額~~

75 資産の減価償却方法の選択および耐用年数の見積りは，判断の問題である。そのため，採用された方法および見積もられた耐用年数や減価償却率の開示は，経営者によって選択された方針を検討するための情報を財務諸表利用者に提供し，他の企業との比較を可能にする。~~同様の理由により，次の事項について開示することが必要になる。~~
- (a) ~~純損益またはその他の資産の取得原価の一部として認識された期中の減価償却額~~
- (b) ~~期末の減価償却累計額~~

76 企業は，IAS 8に従って，会計上の見積りに関して，当期に影響を及ぼすまたはその後の期間に影響を及ぼすと考えられる変更の内容およびその影響を開示する。有形固定資産については，かかる開示が，次の事項に関する見積りの変更から生じる。
- (a) 残存価額
- (b) 有形固定資産項目の解体，撤去または原状回復費用の見積額
- (c) 耐用年数
- (d) 減価償却方法

77 重要な有形固定資産項目の再評価額で計上されている場合，次の事項を開示しなければならない。
- (a) 再評価の実施日および**再評価する理由**
- (b) 独立した鑑定人の関与の有無
- (c) 当該資産項目の公正価値の見積りに適用した方法および重要な仮定

(d) 当該資産項目の公正価値が，活発な市場または独立第三者間取引条件による最近の市場取引で観察可能な価格を直接参照して算定するか，または他の評価技法を用いて見積もられた範囲
(e) 再評価された各種類の有形固定資産について，資産が原価モデルで計上されていたならば認識されていた帳簿価額
(f) 当該期間の再評価剰余金の変動額および株主への配当制限を示した再評価剰余金の金額

3 IFRSにおける注記の開示規定の見直しに向けて

「報告書」においては，このように表示項目と区別される注記情報自体の重要性を考慮すべきことを基軸として，改めて注記に係る規定を具体的に見直すことにより，結果として注記情報の開示要求の37％を削減することが可能になったという（「報告書」par. 26）。ただし，他方で，当該報告書が焦点を当てた注記の量的な削減は目標ではなく，あくまでも結果であるべきであり，すなわち開示の質に着目して議論が展開されるべきとの指摘も見られる。

IASBにおいては，Hans Hoogervorst議長が2013年6月に表明した「開示イニシアティブに係る10ポイント・プラン」に従って，短期的戦略としてIAS 1の限定的な範囲の修正が予定されている（IASB [2014]）。財務諸表の有用性に資する過剰な注記情報の削減は，短期間のうちに対応が求められる重要な課題として，共有されている。今般のIASBにおける議論の動向については，「重要性の原則」を明確化し，IFRSにおける個別の注記要求を全体として統括する包括的な開示規定の設定を意図するものであり，財務報告制度全体の枠組み（開示フレームワーク）の再構成[7]を指向した議論をふまえて理解し，検討する必要がある。

---

[7] FRC [2012] における財務報告の構成要素 ― 財務諸表・注記・経営者による説明（Management Commentary）およびコーポレート・ガバナンス ― と当該構成要素の配置規準（placement criteria）に係る議論については，古庄 [2013] を参照。

【参考文献】

Alexander, David, Anne Britton and Ann Jorissen [2009] *International Financial Reporting and Analysis*, Cengage Learning EMEA.

ASC [1983] *Statement of Standard Accounting Practice 20*, "Foreign Currency Translation". ……SSAP 20

EFRAG/ANC/FRC [2012] Discussion Paper, *Towards a Disclosure Framework for the Note*.

Ernst & Young [2010] *International GAAP 2010*, Wiley, pp. 1467〜1469.

FASB [1975] *Statement of Financial StandardsNo. 5* "Accounting for Contingencies". ……SFAS 5

FASB [2012] Discussion Paper, *Invitation to Comment : Disclosure Framework*.

FRC [2012] *Thinking about Disclosure in a Broader Context* : A Road Map for a Disclosure Framework.

ICAS and NZICA [2011] *Losing the Excess Baggage:Reducing Disclosures in Financial Statements to what's Important*. ……「報告書」

IASB [1989] *International Accounting Standard 29*, "Financial Reporting in Hyperinflationary Economies". ……IAS 29

IASB [2003] *International Accounting Standard 21 (revised 2003)*, "The Effects of Changes in Foreign Exchange Rates". ……IAS 21 (2003年改訂)

IASB [2005] *International Accounting Standard 37*, "Provisions, Contingent, Liabilities and Contingent Assets". ……IAS 37

IASB [2011] *International Accounting Standards 8*, "Accounting policies, accounting estimates and errors,". ……IAS 8

IASB [2012] *International Financial Reporting Standard 6*, "Exploration for and evaluation of mineral resources". ……IFRS 6

IASB [2013] *International Accounting Standard 21 (amended 2013)*, "The Effects of Changes in Foreign Exchange Rates". ……IAS 21

IASB [2014] Exposure Draft, *Disclosure Initiative* : Proposed Amensments to IAS 1.

IASC [1983] *International Accounting Standard 20* "Accounting for Government Grants and Disclosure of Government Assistance". ……IAS 20

IASC [1983] *International Accounting Standard 21*, "The Effect of Changes in Foreign Exchange Rates". ……IAS 21 (1983年)

IASC [1993] *International Accounting Standard 21 (revised 1993)*, "The Effect of Changes in Foreign Exchange Rates". ……IAS 29 (1993年改訂)

IASC [1998] *International Accounting Standard 37*, "Provisions, Contingent, Liabilities and Contingent Assets". ……IAS 37 (1998年)

IASC [2001] *International Accounting Standard 41*, "Agriculture". ……IAS 41

IASC [2000], *International Accounting Standards Explained*, Wiley.

Nobes, Christopher and Robert Parker [2008], *Comparative International Accounting Tenth Edition*, Prentice Hall.

秋葉賢一［2014］「統合報告のフレームワーク(3)― IFRSとの関係 ―」『経営財務』3149号，58〜61頁。
池田健一［2007］「農業に関する国際会計基準（IAS 41）と我が国への影響」『会計・監査ジャーナル』第622号，137〜143頁。
井上定子［2010］『外貨換算会計の研究』千倉書房。
企業会計基準委員会［2009］「引当金に関する論点の整理」
中村正明［2012］「オーストラリア鉱業；鉱物資源利用税（MRRT）の影響及び直面する課題」『金属資源レポート』2012年11月号，57〜68頁。
藤田晶子［2012］『無形資産会計のフレームワーク』中央経済社。
古庄　修［2013］「統合報告の行方と開示フレームワークの再構成」『産業経理』第73巻第2号，95〜104頁。
山下壽文［2000］『偶発事象会計の国際的調和化－米国基準・IAS・日本基準の比較』同文館。
山下壽文［2002］『偶発事象会計論』白桃書房。
山田辰巳［2011］「IASB会議報告（第46回会議）」『会計・監査ジャーナル』第601号，64〜67頁。
姚　小佳［2013］「農業収益認識への公正価値モデルの応用」『会計プログレス』第14号，82〜95頁。
若杉　明［1981］「偶発事象の概念とその情報化の意味」『産業経理』第41巻第2号，9〜16頁。

結章

IFRSにおける資産会計の課題と展望

I　IFRSにおける資産会計の特徴

　IFRSでは，現在・将来の利害関係者の意思決定にとって有用な情報を提供することを財務報告の基本目的とする「意思決定有用性アプローチ」(decision usefulness approach) の観点から，主として国際的な資本市場における投資家にとって有用となる公正価値（市場価値）・割引現在価値・見積数値が大幅に導入・利用されている。

　投資家の意思決定目的である「将来キャッシュ・フローの予測」に適合する財務情報を提供するために，「市場価値評価」(marking to market) を容認するなど，「資産・負債アプローチ」の考え方に立脚した会計処理が採用されているが，そのアプローチの帰結として，資産の公正価値による再測定が頻繁に行われることもIFRSにおける資産会計の特徴の一つとなっている（菊谷 [2011] 26頁）。

　たとえば，金融資産・有形固定資産・投資不動産等の広範な資産項目にわたって公正価値による評価が容認されている。有形固定資産および投資不動産の再測定には，「原価モデル」と「再評価モデル」（または「公正価値モデル」）の選択適用が認められ，一部の資産に時価評価が容認されている。また，リー

ス資産の計上額には，将来キャッシュ・フローの割引現在価値が用いられ，その割引率・割引期間は財務上の仮定による予測数値である。

IFRSにおける資産会計では，資産の特質・所有目的等に従って原価と時価（または現価）を併用する「混合測定主義」が採択されている。つまり，国際的な資本市場を利用する投資家の投資意思決定に役立つ財務情報を提供するため，投資家の投資意思決定にとって有用である将来キャッシュ・フローを重視した会計処理，投資家保護偏重主義の会計処理が採用されていると言っても過言ではない（菊谷［2011］25頁）。

また，リース資産会計のように，法的形式より経済的実質を重視する「経済的実質優先主義」が採用されている。法的所有権を保有しなくても，リース物件により経済的利益を実質的に享受でき，使用に伴って生ずるコストを実質的に負担する場合には，リース資産として貸借対照表上に認識・測定できる。

さらに，IFRSは原則的な規定を設け，基本的に例外規定を設けない「原則主義」（principle basis）に基づいており，資産会計においても，財務諸表の国際的比較可能性の確保するために，代替的会計処理が排除され，単一的な会計処理が要求されている。

表9－1　IFRSにおける資産会計の特徴

事　項	特　徴
財務報告の目的	意思決定有用性アプローチ
利　益　観	資産負債中心観（資産負債アプローチ）
資　産　評　価	公正価値（市場価値）・現在価値等の重視
事　実　認　定	経済的実質優先主義
再測定基準	混合測定モデル（原価・時価混合測定主義）
規　程　方　式	原則主義と単一的な会計処理の採用

（出所）　菊谷［2011］26頁，一部修正。

結章　IFRSにおける資産会計の課題と展望

Ⅱ　IFRSにおける資産会計の論点

1　有形固定資産会計に関する論点

　わが国では，有形固定資産の期末評価基準には「再評価モデル」は認められていない。再評価額が信頼性をもって測定できる場合には，IASBが容認しているように，「再評価モデル」を一つの評価基準として選択できる会計基準が設定されるべきではなかろうか。

　IAS 16（par. 6）でいう「売却費用控除後の公正価値」は，IAS 16（1998年改訂）（par. 5）では「正味売却価格」（net selling price）と呼ばれていたが，同じ定義を踏襲している。前述したように，IASBにおける「公正価値」とは，市場参加者間における秩序ある取引で当該資産の売却により受け取るであろう価格（すなわち，売却価格）である。

　再測定時における「公正価値」は，購買市場の公正価値（再調達原価）と販売市場の公正価値（売却価格）に分けられるべきであり，売却価格のみを公正価値と表現するのには問題がある。米国のFASBにより2006年9月に公表されたSFAS 157（par. 3）が，「公正価値とは，市場参加者間による秩序ある取引（orderly transaction）において，資産の売却によって受け取るであろう価格をいう。」と定義したため，IASBも追随・同調して「公正価値」を売却価格と同一視している。

　資産の測定のための「公正価値」として，当初測定時点（取得時点）には取得原価，再測定時点（期末評価時点）には，計算目的・会計思考等に応じて取得原価，再調達原価，正味売却価格，現在価値が採択されるべきであり，公正価値の測定基礎を売却価格に限定・定義すべきではない。IASB・FASBでいう「公正価値」（fair value）は，「公正でない専門用語」（unfair terminology）であると言わざるを得ない。

　「再評価モデル」を採用した場合，再評価差額の会計処理として「その他の包括利益計上処理」が基準化されているが，「資本剰余金処理」の適用も容認

195

されるべきである。資産の取得原価（帳簿価額）と期末の再評価額（再調達原価）は，同一資産でありながら時点を異にした数値であり，再評価という会計行為から生じる評価差額は，企業の実体資本維持（営業能力維持）の立場から純資産の一部として再評価剰余金（資本修正勘定）に留保しなければならない（菊谷［1991］306頁）。したがって，IAS 16のように，当該資産が売却されるときでも，再評価剰余金は利益剰余金に振り替えて処分可能利益に算入するのではなく，企業の事業継続中には留保されるべきである。再評価剰余金は「株主持分」ではなく，厳密に言えば，企業維持のための「企業体持分」である（菊谷［2008］108頁）。

IAS 16（par. 43）によれば，減価償却の償却単位として「構成部品別償却」が適用されているが，「将来の経済的便益の予測消費パターン」が異なる部品別に減価償却を行うことは適正な損益計算（減価償却費計算）に資するものと考えられる。個々の部品ごとに減価償却費の計算・記帳を行えば，個々の重要な部品の帳簿価額が常に明らかとなるので，当該資産を処分したときに，その処分損益を適正に算定することもできる。わが国においても，有形固定資産の取得原価の総額に対して重要である構成部品については，「構成部品別償却」の導入が要請されてくるかもしれない。

2　投資不動産会計に関する論点

投資不動産が独立したキャッシュ・フローを生み出すことから，その性質に即した認識・測定・開示を行うことが投資不動産に関する会計基準の目的となる。その観点から，投資不動産を他の不動産からどのように識別していくかが重要となるが，特に，不動産が複数の用途に使用されている場合の投資不動産の識別が問題となる。この点につき，IAS 40（par. 10）では，投資不動産の用途の部分と自己使用不動産の用途の部分が個別に売却可能であれば，それぞれの部分を個別に会計処理することとしているが，個別に売却できない場合には，自己使用不動産の用途の部分の重要性が低い場合に限り，不動産全体を投資不動産としている。

結章　IFRSにおける資産会計の課題と展望

　また，不動産の賃貸に付随的なサービスが伴う場合には，提供されるサービスの重要性が低ければ，当該不動産は投資不動産として取り扱われる（IAS 40, par. 11）。この場合の重要性の判断は経営者に委ねられることになるが，投資不動産が独立したキャッシュ・フローの源泉であるという点を重視するならば，サービスの提供が経営上のリスクに晒されているかどうかという判断が重要になると思われる。

　IAS 40（par. 30）は，投資不動産の再測定に際して「公正価値モデル」と「原価モデル」のいずれかを採用する。規定上は両モデルに優劣関係はないが，実質的には，いずれかが優先されるべきという優劣関係が想定されているかが問題となる。そもそも，投資不動産が独立したキャッシュ・フローを生み出す源泉として，他の不動産から識別されていることから，投資不動産が採用するモデルとしては「公正価値モデル」が相応しいと言える。ただし，現状ではすべての不動産市場が「公正価値モデル」を採用できる程度には成熟していないため，すべての投資不動産に「公正価値モデル」を採用することを断念して「原価モデル」を選択する途を残したものと思われる。とすれば，不動産市場が「公正価値モデル」を採用できる程度に成熟していれば，「公正価値モデル」が採用されるべきである。

　このような場合にも「原価モデル」を採用する場合には，「公正価値モデル」が採用できず，「原価モデル」を採用せざるを得ない理由が明らかにされるべきである。「原価モデル」を採用した場合の開示事項として，「投資不動産の公正価値」についての開示が求められている点についてはこのように理解すべきであると思われる。

　しかし，菊谷（［2014］23頁）が批判するように，財務諸表に原価で計上し，注記に時価情報を提供する会計方針は，「公正価値モデル」と同様の手数がかかるとともに，公正価値の有用性を自ら認めた自己矛盾に陥っている。

　なお，自己使用不動産から投資不動産への振替が行われる場合に，公正価値と帳簿価額との差額について片面的な会計処理が行われることについては，その合理性が問題となるが，当期の財務業績をより正確に把握して処理の一貫性

を図ることを重視するならば，公正価値が帳簿価額よりも減少した場合にも，「投資不動産評価損」という損益項目ではなく「再評価剰余金」として処理することに合理性があるように思われる。

3 リース資産会計に関する論点

　リースとは，貸手が一括払いまたは数次の支払いを得て，契約期間中，資産の使用権を借手に移転する契約であり，IFRSの体系においては，IAS 17がリース取引に関する会計処理・開示を取り扱う基準である。IAS 17は，IASBの前身であるIASCより1982年9月に公表され，1976年公表のSFAS 13「リース会計」および1984年公表の英国のSSAP 21「リース契約・割賦購入契約の会計」と同じアプローチを採用している。IAS 17は，法的形式よりも経済的実質を重視する「経済的実質優先主義」を適用する基準書であり，取得原価モデルのなかに「現在価値技法」を測定に組み入れた最初のIASであった。

　1987年に開始されたIASC「比較可能性プロジェクト」での検討を経て，IAS 17は，今日まで数次の改訂が行われているが，基本的なアプローチ，すなわち，「リース識別規準」を使ってリースをFLとOLに二分類し，それに対応する会計処理方法（FLのみを資本化し償却する）の骨組みは現在に至るまで全く変わっていない。そこで，このアプローチの下で問題となるのは，借手側の実質FLのOLオンバランス化であり，今日に至るまで投資家，アナリスト等の会計情報利用者や学識経験者からのこの基準に対する強い批判があり，また財務諸表の比較可能性の観点から会計情報利用者によるOLの「推定資本化」の実務が継続している。

　そのような状況下，2005年に米国証券取引委員会（SEC）スタッフからのリース取引オフバランス化の是正勧告が発せられ，そして2006年からは，リース基準はIASB/FASBの共同プロジェクトの重要議題の一つとして措定され，本稿執筆時点（2014年6月末）まで「使用権モデル」に基づく新会計基準に関する審議が依然として継続中である。

　要するに，IAS 17のアプローチの根本的欠陥は，借手のリース資産（および

リース負債）のオフバランス化の操作性の余地にあり，たとえば，米国基準において設定されている「数値基準」を回避するために，借手はリース契約をストラクチャーして，実質FLのオフバランス化を示現し，借手の財務諸表の目的適合性，透明性および比較可能性を損なうことにある。加えて，IASBが原則主義を採用しているとはいえ，IAS 17の規定は，リースの会計処理に必要な課題（たとえば，変動リース料，サブリース等）に関する規定の欠如が見られるため，実務レベルでの規定不備や米国の基準や実務慣行が参照されてきた。

2014年6月現在，IASB（およびFASB）の公表によれば，米国FASBとは相違して，IASBは最終的に「2013年ED」の大半を新基準として承認するも，「タイプBリース」の会計処理（リース料の損益処理のみ）をカーブアウトする方針に転換して，したがって，「タイプAリース」の会計処理（使用権資産の償却およびリース金利費用の計上）のみを採択することを暫定的に決定している。となれば，現行IAS 17は，「短期リース」を除いて，単一の「使用権モデル」に基づき，すべてのリースがリース開始時にオンバランス化される，高い品質の新基準（1モデル）に置き換わることになり，借手の財務諸表の比較可能性が改善されるものと期待される。

しかし，一方，本新基準は，共同プロジェクトで当初設定された「実質FLのOLオンバランス化」を図る基準という眼目を超えた，複雑かつ新たな会計思考を持ち込む基準であるとも分析できよう。また，財務諸表の作成者への配慮を欠いた加重負担の基準であるという評価を受けるかもしれない。新基準案では，理論先行の「2010年ED」よりも，現基準の実務を考えたルールに一部戻されたところもあるが，リース期間の設定，リース契約の再評価等の見積要素の主観性に関する問題が存在しており，また業種（たとえば，大規模小売業，運輸業等）によっては，リース初期段階でのリース費用の過重負担，リース要素とサービス要素の分別および各社の会計上の判断の相違が十分想定され得る。

さらに，新基準が成立しても，それ相応の借手のリース資本化回避行動が出現する可能性も，これまで同様，否定できないだろう。加えて，FASBとIASBとの新リース基準が分裂し，1モデル対2モデルとして設定されること

から生じる借手企業の損益数値の比較可能性の喪失や使用権資産等の概念の位置づけ問題などが，今後，リース基準の一つの論点になるであろうことは間違いはない。

ただし，上述のことは，最終基準案が固まらない限りは，まだ確定的なものではないことを付言しなければならない。

4 棚卸資産会計に関する論点

「基準9号」の2008年最終改正により，棚卸資産に関するIAS 2の会計処理と概ね同様となっている。ただし，(a)棚卸資産の範囲，(b)借入費用の原価算入，(c)期末における簿価切下額の戻入れにおいては差異が認められる。

すなわち，IAS 2では，上記(a)について，販売活動および一般管理活動において短期間に消費される事務用消耗品等は棚卸資産の範囲に含められていない。なお，IAS 2においては棚卸資産の範囲から除外されているが，日本基準においては当該範囲に含められるものとして未成工事支出金が挙げられている（「論点整理」9項，「基準9号」31項）。これらの差異については，細部での相違はあるものの，両基準における棚卸資産の範囲はほぼ等しいと考えられるため，国際的調和を図るための検討は必ずしも必要ないものと考えられる（「論点整理」10項）。

なお，上記(b)については，IAS 2では求められる場合があるが，「基準9号」では特に規定されていない。

(c)については，IAS 2では「洗替え法」のみが認められるが，「基準9号」では，継続適用を条件に，「洗替え法」と「切放し法」の選択が認められる。

さらに，IAS 2の2003年改訂により，原価配分方法の代替処理として認められてきたLIFOが廃止された。廃止の理由は，次のとおりである（IAS 2, pars. BC 10, BC 12～BC 13）。

(1) LIFOは，棚卸資産の最新の項目を最初に売却されるものとして扱い，その結果，棚卸資産に残っている項目は，最も古い項目であるかのように認識される。一般的に，それは棚卸資産の実際の流れを信頼性をもって表現して

いるとは言えない。
(2) LIFOでは，上昇（下落）した価格が，販売資産を再調達するための原価に与える影響を反映する形で，利益を減少（増加）させる。しかしながら，この影響は，直近の棚卸資産の取得原価と期末時点の再調達原価との関係に左右される。このように，LIFOは，価格変動が利益に与える影響を決定する上で真に規則的な方法とは言えない。
(3) LIFOの利用により，貸借対照表上認識されている棚卸資産は，棚卸資産の直近の原価の水準とほとんど関係がない。ただし，LIFOは，棚卸資産が大きく減少した場合に，特に，「温存された」日付の古い「階層」に属する棚卸資産が使用されたものと推定される場合に，損益を歪めてしまう。

前述したように，IAS 2に収斂した「基準9号」の2008年改正でLIFOが廃止された。廃止の理由については，次のとおりである（「基準9号」34－6項～34－8項）。
(1) 棚卸資産が過去に購入した時からの価格変動を反映しない金額で貸借対照表に繰り越され続けるため，貸借対照表価額が最近の再調達原価の水準と大幅に乖離してしまう可能性がある。
(2) 棚卸資産の期末の数量が期首の数量を下回る場合には，期間損益計算から排除されてきた保有損益が当期の損益に計上され，その結果，期間損益が変動する。
(3) 棚卸資産の実際の流れを忠実に表現していない。
(4) IAS 2の改訂により，LIFOが廃止されたことを重視し，会計基準の国際的なコンバージェンスを図るため，選択できる評価方法からLIFOを削除する。

なお，ASBJにおけるLIFOの廃止に係る審議においては，2002年3月期から2007年3月期までの間にLIFOから他の方法に変更した会社の事例から，市況の変動を期間損益から排除するのではなく，逆に，市況の変動をより早期に実現させていく傾向が示されている。市況が継続的に上昇する傾向にある場合，将来の特定の時点で計上される利益を繰り延べているに過ぎず，むしろ，市況の変動によって生じる保有損益も当期の利益に含めることが適切である（審議

事項(5)-4～5)。

5 無形資産会計に関する論点

　まず，IFRSでは，無形資産を包括的に取り扱った会計基準としてIAS 38があるのに対し，日本基準ではこのような会計基準は存在せず，無形資産に関する定義もない。

　次に，繰延資産については，IFRSでは規定が存在しないのに対して，日本基準では存在する。

　さらに，「自己創設無形資産」であれば無形資産として認識されないものであっても，企業結合の一部として取得された被取得企業の「自己創設無形資産」が無形資産として認識されることがある。加えて，IAS 38では，自己創設のブランド，題字，出版表題，顧客名簿および実質的にこれらに類似する項目は，無形資産として認識することを禁止されている。このため，自己創設無形資産について，企業結合時の取得か自己創設かによって，同じ無形資産に対する認識の非対称性が存在することを指摘できる。

　最後に，IFRSでは，無形資産の再測定（期末評価）に当たっては，「原価モデル」か「再評価モデル」のいずれかを会計方針として選択できるが，日本基準では，「原価モデル」のみが認められた期末評価方法である点で相違する。

6 金融資産会計に関する論点

　IFRS 9「金融商品」策定（IAS 39改訂）プロジェクトの動向を中心に，関連規定（IFRS 13やIFRS 7）を含め，金融資産会計を巡る論点として，以下の点が指摘されるであろう。

　まず，IFRS 9策定に向けたフェーズ1「分類および測定」では，公正価値変動をOCIで認識する場合にリサイクリングの扱いで整合性を欠く規定が混在し，利益概念を曖昧なものとしている。したがって，OCIをすべてリサイクリングし，クリーン・サープラス関係を維持する方向で，定義ないしアプローチの検討を深めていく必要があろう。また，非上場株式に対しても公正価値測定が要

求されているが，各評価技法の結果のウエイトの置き方に定式化された株式鑑定理論が存在しない中では，主観的な操作余地が極めて大きく，監査可能性も乏しいと言わざるを得ない。エクスポージャーが相対的に大きい日本においては，慎重に有用性の検討が進められなければならない。

次に，フェーズ2「償却原価および減損」では，先般の金融危機の経験を踏まえ，新たに「期待損失モデル」が導入された。基準設定主体の「期待損失モデル」の採用が仮に政策科学としての役立ちを会計に求めるものであるとしても，主観的な予測を介在させ実体経済に影響を与えることで実現しようとする政策目的（プロシクリカリティの抑制）が，市場の反応を先読みする経済主体（経営者等）の裁量により覆されてしまう可能性にも留意しつつ，当該予測を合理的に裏付可能なものにしていく取組みが必要となる。

さらに，フェーズ3「ヘッジ会計」では，原則主義の下で目的適合的な規定が導入されたが，その前提として，事業会社のリスク管理活動にどの程度のレベルが要求されるのかに関し，財務諸表作成者と監査人の認識に乖離が生じないように，想定する整備の水準に両者の共通理解が図られなければならない。

最後に，IFRS7「金融商品：開示」では，「マネジメント・アプローチ」によるリスク情報の注記開示が求められているが，経営判断に係る監査可能性を担保し得る制度的枠組み（開示基準，監査実務指針等）が重要になるであろう。

7　売却目的固定資産会計に関する論点

IFRS5では，売却目的で所有される固定資産（または処分グループ）を独立掲記するために，財政状態計算書上，「売却目的所有」という区分を新たに設け，それまでの「帳簿価額」と分類変更時点での「売却費用控除後の公正価値」とのいずれか低い金額で評価することとした。これは，もはや継続的利用によってではなく売却取引によって，つまり「事業投資」から「金融投資」へと投資目的を変更してもなお，資産への投資額を回収しようとするための処理であった。

わが国では，売却目的で所有される固定資産は，流動資産として表示される

ことになるものの,その測定額については明確な規定が存在していない。耐用年数経過後の固定資産であれば,その残存価額もしくは正味売却価額で評価されることになろうが,IFRSとのコンバージェンスを見据えて,基準ないし規定の設定が早急になされるべきであろう。その際,分類変更時に発生する差額が従来の「減損損失」と同じ性質を持つものなのかという論点についても,考慮されるべきである。

また,売却計画のある固定資産を売却目的所有に分類変更すること自体は,わが国にも減損会計が導入されていることから,比較的容易ではないかと考えられる。ただし,その場合であっても,貸借対照表上,どのように区分表示するのかは十分に検討されるべきであろう。厳格な要件が定められているとはいえ,経営者の資産所有目的に関する意思決定をどこまで財務諸表に反映させるべきであるのかについて検討する余地がある。

Ⅲ　IFRSにおける資産会計の展望

IFRSの課題として,たとえば活発な市場がない資産に対して公正価値を付す場合には,将来キャッシュ・フローを見積計算した現在価値に頼らざるを得ないが,見積数値が多いために財務報告数値として客観性・信頼性・検証可能性等に欠ける。さらに,投資家保護偏重主義の会計処理に陥ったために,所有目的が異なる資産(たとえば,利用目的の有形固定資産,販売・消費目的の棚卸資産)もすべて投資・投機目的の「金融資産」と同一視し,資産全体を金融資産化してしまっている。IFRSは,あまりに投資家本位に偏り,投資意思決定に資するために過度の将来志向的会計処理であると言わざるを得ない(菊谷[2011]26～27頁)。

あるいはまた,IFRSの基本思考方式である「原則主義」の下では,個別的・具体的な会計処理について財務諸表の作成者の判断が大きく左右するので,専門的な能力や説明責任が問われることになる。その場合,グローバル・スタンダードとしてIFRSを適用するためには,世界的に共通した専門的判断の定着

化・共有化が図られなければならない。これには，一定水準の知識と経験を蓄積するための時間とコスト，さらには，細則主義に慣れ親しんできた国（たとえば，わが国）の場合には，自主的・自発的・柔軟的判断を養うための意識改革も必要である。財務諸表の監査人に対しては，財務諸表の国際的比較可能性・信頼性を保証するために，一層高度な専門知識と職業倫理が求められる（菊谷［2011］27頁）。

さらに，会計基準の国際的コンバージェンスのためには，予想を上回る労力と時間を要するが，会計制度が未発達であるか新会計制度を拒絶する要素に乏しい発展途上国の場合には，外来の会計制度（たとえば，IFRS）はそのまま受け入れられ定着しやすいが，会計制度が一応発展段階に達した国（たとえば，米国や日本）の場合には，外来の会計制度をそのまま受け入れるには，すでに会計制度が成熟しており，基準設定のオートノミーを侵害する軋轢が生じる（稲垣・菊谷［1989］1〜2頁）。今後も引き続き，IFRSの品質を維持・向上していくためには，コンバージェンス作業は半永久的に続くものと考えられるが，国際的な不断の改訂が要請される（菊谷［2011］27頁）。

とかくIFRSは英・米主導で策定されていると言われているが，歴史的に見て言語（会計を一種の企業言語とみなす）の伝播・普及は経済力の発展にほぼ比例しているので，IFRSの改訂・設定に際しては，わが国の意見・主張も経済力に応じて反映させるべきであり，世界の多国籍企業に適用される独占的会計基準であるIFRSは，「相互依存志向国際化」あるいは「並存志向国際化」の観点からIFRSは構築・作成されるべきである（菊谷［2002］166頁，菊谷［2003］37頁）。

ところが，2001年6月に公表された米国のSFAS 142「のれんとその他の無形資産」では，当期純利益を減ずる（役員報酬を減らす）規則的償却方ではなく減損処理（非償却）が，産業界との取引交渉の結果，強制適用されることになったが，IASBは，「ノーウォーク合意」の締結後，SFAS 142へのコンバージェンス・調整を図るかのように，2004年3月にIAS 22（1998年改訂）を差し替えてIFRS 3を公表し，減損調査法を強制した。米国財界の利害・エゴに汚

染されたSFAS 142に追従するIFRS 3は，早晩，見直されるべきである。世界レベルで共有されるIFRSの改善のためには，「相互依存志向国際化」の健全な遂行が必要であり，わが国の会計慣行・会計思考も反映させるべきである（菊谷［2013］54頁）。すなわち，「のれん」の会計処理として，減損処理ではなく規則的償却法（なたは即時償却法）の再採用が強く望まれる。

【参考文献】

FASB［2006］*Statement of Financial Accounting Standards No. 157 "Fair Value Measurements"*. ………………………………………………………SFAS 157
IASB［2003］*International Accounting Standard 2（revised 2003）"Inventories"*. ……
…………………………………………………… IAS 2（2003年改訂）
IASB［2011］*International Accounting Standard 16（amended 2011）"Property, Plant and Equipment"*. ……………………………………… IAS 16
IASB［2011］*International Accounting Standard 40（amended 2011）"Investment Property"*. ………………………………………………………… IAS 40
IASB［2013］．*International Financial Reporting Standard 17（revised 2013）"Leases"*.
……………………………………………………………………… IAS 17
IASC［1998］*International Accounting Standard 16（revised 1998）"Property, Plant and Equipment"*. ……………………………………… IAS 16（1998年改訂）

稲垣冨士男・菊谷正人［1989］『国際取引企業の会計』中央経済社。
菊谷正人［1991］『企業実体維持会計論 ― ドイツ実体維持学説およびその影響 ―』同文舘。
菊谷正人［2002］『国際的会計概念フレームワークの構築 ― 英国会計の概念フレームワークを中心として ―』同文舘出版。
菊谷正人［2003］「『企業会計原則』と概念フレームワーク ― 国際的調和化における『企業会計原則』の将来 ―」『會計』第163巻第6号
菊谷正人［2008］「有形固定資産の認識・測定の諸問題」『国際会計研究学会 年報 ― 2007年度 ―』
菊谷正人［2011］「IASC・IASBの変遷の歴史とIAS・IFRSの特徴」『経営志林』第47巻4号，17〜31頁。
菊谷正人［2013］「わが国財務会計制度の国際化の課題と展望」『経理研究』第56号，42〜56頁。

結章　IFRSにおける資産会計の課題と展望

菊谷正人［2014］「資産会計の論点 ― IFRSにおける資産会計をたたき台にして ― 」『経営志林』第51巻第2号，17〜35頁．
企業会計基準委員会［2005］「棚卸資産の評価基準に関する論点整理」‥‥‥「論点整理」
企業会計基準委員会［2008］「棚卸資産専門委員会検討資料」‥‥‥‥‥‥「審議事項」
企業会計基準委員会［2008］「企業会計基準第9号　棚卸資産の評価に関する会計基準」（最終改正）‥‥‥‥‥‥‥‥‥‥‥‥‥‥‥‥‥‥‥‥‥‥‥‥‥‥‥「基準9号」
企業会計基準委員会［2011］企業会計基準第20号「「賃貸等不動産の時価等の開示に関する会計基準」‥‥‥‥‥‥‥‥‥‥‥‥‥‥‥‥‥‥‥‥‥‥‥‥‥‥「基準20号」

【編者紹介】

菊谷　正人（きくや　まさと）

昭和23年　長崎県に生まれる。
昭和51年　明治大学大学院商学研究科博士課程修了。
現　　在　法政大学教授。会計学博士。財務会計研究学会会長，国際会計研究学会理事，日本社会関連会計学会理事等。
　　　　　公認会計士第二次試験試験委員（平成10年度～平成12年度）。

〈主要著書〉（初版のみの記載）

『英国会計基準の研究』（同文舘，昭和63年）
『企業実体維持会計論』（同文舘，平成3年）
『国際会計の研究』（創成社，平成6年）
『多国籍企業会計論』（創成社，平成9年）
『国際的会計概念フレームワークの構築』（同文舘出版，平成14年）
『税制革命』（税務経理協会，平成20年）

〈主な共著書〉（初版のみの記載）

『国際取引企業の会計』（稲垣冨士男共著，中央経済社，平成元年）
Accounting in Japan（T. E. Cooke共著，テイハン，1991年）
Financial Reporting in Japan（T. E. Cooke共著，Blackwell，1992年）
『英・日・仏・独会計用語辞典』（林　裕二＝松井泰則共著，同文舘，平成6年）
『連結財務諸表要説』（吉田智也共著，同文舘出版，平成21年）

〈主な編著書〉（初版のみの記載）

『環境会計の現状と課題』（山上達人共編著，同文舘出版，平成7年）
『IFRS・IAS徹底解説』（税務経理協会，平成21年）

〈主要論文〉（国際会計に関する論文）

"International harmonization of Japanese accounting standards," *Accounting, Bisiness & Financial History*, 2001, Vol. 11 No. 3.
「IASC・IASBの変遷の歴史とIAS・IFRSの特徴」『経営志林』第47巻第4号，2011年。

編者との契約により検印省略

| 平成26年9月1日　初版第1刷発行 | IFRSにおける
資産会計の総合的検討 |

<table>
<tr><td>編　者</td><td>菊　谷　正　人</td></tr>
<tr><td>発 行 者</td><td>大　坪　嘉　春</td></tr>
<tr><td>印 刷 所</td><td>税経印刷株式会社</td></tr>
<tr><td>製 本 所</td><td>株式会社　三森製本所</td></tr>
</table>

発行所　〒161-0033　東京都新宿区　　株式　税務経理協会
　　　　下落合2丁目5番13号　　　　　会社
　　　振　替　00190-2-187408　　　電話　(03) 3953-3301 (編集部)
　　　ＦＡＸ　(03) 3565-3391　　　　　　 (03) 3953-3325 (営業部)
　　　　　　URL　http://www.zeikei.co.jp/
　　　　乱丁・落丁の場合は，お取替えいたします。

©　菊谷正人　2014　　　　　　　　　　　　　　　　Printed in Japan

本書の無断複写は著作権法上での例外を除き禁じられています。複写される
場合は，そのつど事前に，（社）出版者著作権管理機構（電話 03-3513-6969,
FAX 03-3513-6979, e-mail : info@jcopy.or.jp）の許諾を得てください。

JCOPY　＜（社）出版者著作権管理機構　委託出版物＞

ISBN978-4-419-06151-7　C3034